AF495757

L'UNION DES VILLES & DES CAMPAGNES

TRAITÉ COMPLET

DE

POLITIQUE & D'ÉCONOMIE SOCIALE

CONTENANT

L'EXPLICATION DU CAHIER DU SUFFRAGE UNIVERSEL
PAR UN ÉLECTEUR DE PARIS
A SES COMPATRIOTES DE LA PROVINCE
ET SPÉCIALEMENT DES VOSGES

Prix : 50 cent.

PARIS

A. ROUSSEAU, LIBRAIRE

9, PLACE DES VICTOIRES

L'UNION DES VILLES & DES CAMPAGNES

TRAITÉ COMPLET

DE

POLITIQUE & D'ÉCONOMIE SOCIALE

CONTENANT

L'EXPLICATION DU CAHIER DU SUFFRAGE UNIVERSEL
PAR UN ÉLECTEUR DE PARIS
A SES COMPATRIOTES DE LA PROVINCE
ET SPÉCIALEMENT DES VOSGES

Prix : 50 cent.

PARIS

A. ROUSSEAU, LIBRAIRE

9, PLACE DES VICTOIRES

TRAITÉ COMPLET

DE

POLITIQUE ET D'ÉCONOMIE SOCIALE

Paris. — Impr. Moderne (Wattier, d’), rue J.-J.-Rousseau, 61.

L'UNION DES VILLES & DES CAMPAGNES

TRAITÉ COMPLET

DE

POLITIQUE & D'ÉCONOMIE SOCIALE

CONTENANT

L'EXPLICATION DU CAHIER DU SUFFRAGE UNIVERSEL
PAR UN ÉLECTEUR DE PARIS
A SES COMPATRIOTES DE LA PROVINCE
ET SPÉCIALEMENT DES VOSGES

Prix : 50 cent.

PARIS

A. ROUSSEAU, LIBRAIRE

9, PLACE DES VICTOIRES

PRÉFACE

> « Parlez vérité et raison, il n'est
> « pas difficile de trouver de l'écho
> « dans les masses, en dépit de la
> « tyrannie et du charlatanisme. »
>
> GARIBALDI.

Depuis longtemps, mes chers amis, je me promets de vous écrire pour causer avec vous de la politique actuelle et pour vous dire ce que je pense de nos institutions et des améliorations qu'il serait urgent de faire dans l'administration générale de notre pays.

Je tiens à répondre à toutes les questions qui m'ont été faites à mon dernier voyage sur le programme républicain. On m'a souvent demandé ce que veulent les républicains de Paris, en m'exprimant de bonne foi la crainte qu'ils ne demandent des réformes attaquant les bases de la société; c'est là le principal motif qui m'a déterminé à vous écrire.

Puisque nous avons tous les jours des élections politiques à faire pour la Chambre des députés et pour les conseils généraux ou d'arrondissement, il est utile de dissiper au plus tôt les malentendus qui existent encore entre les électeurs des villes et ceux des campagnes ; car si nous votons dans un sens et vous dans un autre, nous n'arriverons à aucun bon résultat. Avonsnous donc des raisons sérieuses pour agir ainsi ? Non, ces raisons n'existent pas.

Je ne crois pas que nos intérêts soient différents ; je pense au contraire qu'ils sont absolument semblables et que si nous votons pour des républicains ayant accepté franchement et sans arrière-pensée notre programme, pendant que vous votez pour des soi-disant conservateurs même républicains (c'est-à-dire pour la conservation des abus), c'est un non-sens qu'il faut faire disparaître afin d'arriver au progrès et à la justice.

Avant d'aller plus loin, je vous ferai cette question : pourquoi ne votez-vous plus que très rarement pour des candidats de l'ancien régime ? (je ne parle pas de la Chambre de 1871 qui a été nommée sous le sabre de la Prusse quand tout le monde voulait la paix et ne s'occupait pas d'autre chose ; cette Chambre de malheur, qui

était composée en majeure partie de réactionnaires de tous les régimes, et qui n'a même pas
vérifié les pouvoirs de ses membres.) C'est sans
doute parce que vous ne voulez pas retourner
aux abus de la noblesse et du clergé. Vous voulez
l'égalité des citoyens devant la loi, l'égalité des
enfants dans la famille, la liberté de conscience,
et vous avez raison. Mais cela ne suffit pas! Il faut
éliminer aussi les bonapartistes et les orléanistes
qui nous ramèneraient directement ou indirec-
tement à l'esclavage.

Nous parlerons donc surtout des vrais républicains, des bonapartistes et des soi-disant
conservateurs. Nous verrons les réformes que
désirent les premiers pour la liberté, les impôts,
le crédit, l'armée, la nomination aux emplois
civils et militaires, l'économie dans le gouvernement, l'instruction, la justice. Nous verrons en
même temps ce qu'ont fait les bonapartistes
pendant les vingt années qu'ils ont occupé le
pouvoir, pour toutes ces questions importantes
et la prospérité de la France. Nous examinerons
ensuite au point de vue républicain, et au point
de vue monarchique la valeur de ces mots, que
les conservateurs des abus ont constamment à
l'ordre du jour, et dont ils se servent près des
ignorants pour les effrayer : l'Ordre, la Religion,

la Famille, la Propriété et la Prospérité. Je tiens à vous donner le pour et le contre sur chaque question.

Si vous approuvez notre programme, j'espère qu'à l'avenir, surtout en 1881, vous ne nommerez plus aucun député ni aucun autre mandataire, sans savoir s'il est disposé à le faire triompher.

Il ne faut plus que l'on puisse dire comme on le dit souvent : « Plus cela change, plus c'est la même chose. » Les mêmes abus, les mêmes vices, les mêmes infamies existent sous la République, sous l'Empire et la Royauté. Cela dépend de vous; vous avez le bulletin de vote, sachez vous en servir. Si vous votez mal, vous ne pourrez plus accuser que vous; si les mêmes abus existent, ce sera votre faute.

Quelques-uns de nos compatriotes m'ont aussi demandé ce que je pense de nos assemblées actuelles, et si j'espère que nous obtiendrons avec elles les réformes que nous désirons tous. Hélas! je crains bien que pendant longtemps encore nous n'ayons pas grand succès! Si vous voulez me lire, vous verrez pourquoi; mais nous ne devons cependant pas désespérer de l'avenir; et si nous le voulons bien, nous pouvons retrouver notre route; pour cela, que devons-nous faire? Je vous l'ai dit; nous avons le bulletin de vote que la Révolution de 1848 nous a donné. Avec cette arme précieuse, nous pouvons défier toutes les réactions et changer les députés et sénateurs qui n'auront pas voté les lois que nous désirons. C'est un droit que l'on ne nous enlèvera plus si vous voulez, et il nous suffit. Mais ce droit sacré nous crée un devoir immense : celui de nous instruire pour en bien user.

A ce sujet, je dois vous faire part d'une réflexion pénible : c'est qu'en province on ne s'occupe pas beaucoup de politique, on n'en comprend pas bien toute l'importance ; les travaux des champs étant très fatigants, on ne s'occupe que de ses affaires personnelles : chacun pour soi. Du reste, on n'a pas de bibliothèques ; on peut à peine suivre un journal de la localité, ce qui est loin de suffire. Il est donc indispensable de simplifier pour les communes rurales l'étude de la politique, d'indiquer d'une manière simple, et de vulgariser les principes établis par les moralistes et tous les hommes politiques dévoués à la justice.

Comme on m'a demandé souvent ce qu'il y a de mieux à faire pour ne plus être trompé par ses représentants, et pour en avoir de bons et intègres, je n'ai rien de mieux à vous conseiller que de suivre l'exemple des électeurs de Paris, qui, en général, s'occupent de politique. Je vous expliquerai dans le cours de cette étude le programme qu'ils ont soumis à l'acceptation de tous leurs candidats. J'espère que si vous trouvez justes les réformes qu'ils demandent, vous dresserez le même cahier, et vous ne nommerez plus vos députés et vos sénateurs que lorsqu'ils l'auront accepté.

Ce que j'ai à vous dire étant un peu long, nous le diviserons en plusieurs veillées, et nous ferons en sorte d'étudier chaque soir un article ou deux du programme républicain.

Paris, le 1er juin 1880.

TRAITÉ COMPLET

DE

POLITIQUE ET D'ÉCONOMIE SOCIALE

PREMIÈRE VEILLÉE

Liberté

ARTICLE PREMIER. — *Liberté de la Presse.*

« De la discussion naît la lumière. » C'est pourquoi nous voulons la liberté d'écrire pour parler de nos affaires, des améliorations que l'on pourrait demander et qu'il serait juste de faire triompher en les inscrivant dans la loi, lorsqu'elles auraient pour elles la majorité des citoyens français.

Nous voulons pour réprimer les excès de la presse, que ce soit le jury notre juge ; mais le jury amélioré, démocratisé ; et non un tribunal nommé par le Gouvernement pour condamner ce qui lui déplaît, sans avoir égard à la justice. En un mot, nous voulons la liberté d'écrire illimitée comme la liberté de marcher, sans nuire à qui que ce soit.

Si le pouvoir exécutif nomme, comme à présent, les magistrats chargés de juger la presse, son impartialité peut être suspectée ; que le gouvernement s'appelle République ou Monarchie, c'est toujours le despotisme ; que ce soit Pierre ou Paul qui soit au pouvoir, je serai infailliblement condamné, emprisonné, expatrié, si je désapprouve ses actes.

« La séparation des pouvoirs exécutif et judiciaire doit être bien tranchée. » (Montesquieu, *Esprit des lois*, livre XI, chap. VI, et *Déclaration des droits de l'homme.*)

Art. 2. — *Séparation des pouvoirs.*

Pour arriver à ce résultat il faut que la nomination de tous les juges, depuis le juge de paix jusqu'au ministre, soit faite par l'élection graduée dans des catégories de citoyens offrant toutes les garanties de moralité et de capacité nécessaires.

D'après une loi de l'Assemblée nationale, les électeurs de chaque canton nommeront leur juge de paix comme en 1790 ; ceux-ci choisiront les juges du tribunal, etc. Tout candidat qui ne se prononce pas pour la séparation des pouvoirs, c'est-à-dire qui n'accepte pas le principe de l'élection doit être éliminé, car il n'est pas, en réalité, pour la liberté de la presse. La nomination des juges par le peuple, seule nous donnera la liberté.

Si l'on vous dit que le gouvernement sous la République provient de l'élection, sachez que cela ne suffit pas pour posséder la liberté. N'estce donc pas aussi le suffrage universel qui a nommé Napoléon président de la République et ensuite empereur ! cependant c'était bien là un gouvernement despotique. Je vous le répète, l'élection des députés et du gouvernement par les citoyens ne suffit pas pour avoir la liberté. Il faut qu'ils conservent la nomination de tous les fonctionnaires et surtout des juges. Nous n'avons pas d'autre alternative : ou la décentralisation judiciaire et administrative ou le despotisme.

Actuellement les juges du tribunal de commerce sont nommés à l'élection. Eh bien ! je vous le demande, ce système ne vaut-il pas infiniment mieux que l'inamovibilité de la magistrature ; la procédure n'est-elle pas moins longue, moins coûteuse, plus libérale et plus juste ? Ce précédent doit vous suffire pour vous tranquilliser sur le résultat que nous obtiendrons avec la décentralisation judiciaire.

La décentralisation étant une condition indispensable à la liberté, étudions-là en détail.

En politique, deux principes contraires sont en présence : le principe autoritaire et le principe libéral ; l'un, représenté par la Monarchie, le second, par la République.

Dans le premier, le souverain ne reconnaît de loi que son caprice ; dans le second, si l'on conservait la centralisation, les préfets, sous-préfets, juges et fonctionnaires de tous ordres, seraient toujours bien plus dévoués au gouvernement qui leur donne de l'avancement et des faveurs, qu'ils ne le seraient à la nation ; et adieu la justice !

Le gouvernement s'en servirait toujours contre la liberté des citoyens et dans son intérêt, comme sous le gouvernement monarchique ; de ce côté il n'y aurait aucune différence : ce serait le despotisme sous le nom de République ; l'administration et la justice seraient forcément les très humbles servantes du gouvernement, comme sous l'empire et la monarchie.

Les citoyens qui demandéraient un peu plus ou un peu moins de liberté, de progrès et de justice que lui, seraient toujours poursuivis et condamnés selon son bon plaisir. Le gouvernement, républicain de nom, n'en serait pas moins l'arbitraire, et rien que cela ; c'est inévitable. Les hauts fonctionnaires du gouvernement républicains, les ministres comme ceux du gouvernement monarchique, pour se conserver, emploieraient toujours cette force immense qui met dans leurs mains quatre cent mille fonctionnaires, et feraient ce qu'ont fait la monarchie et l'empire contre la liberté. C'est donc un cercle vicieux qu'il faut étudier et faire disparaître à tout prix au nom de la liberté.

La monarchie, c'est l'indivision gouvernementale, l'irresponsabilité.

La démocratie doit être la distribution des

emplois, la responsabilité, la séparation des pouvoirs.

Le roi ou l'empereur ne sont que des accessoires de l'autorité et du despotisme : c'est la centralisation, et non le monarque, qui fait la monarchie et l'arbitraire. Les républicains, qui laissent subsister la centralisation, se trompent complètement ou nous trompent sur l'efficacité du moyen ; c'est la centralisation qui nous a perdus au 2 décembre et nous perdra encore. Je vous le répète, *le mot république* ne suffit pas pour avoir la République, la liberté et la sécurité. Nos institutions ne seront pas à l'abri du danger tant que nous n'aurons pas obtenu cette réforme. Vous en voyez déjà le résultat décevant après neuf ans de République : La contradiction est au fond de tous les programmes. Toutes les conversions, toutes les désertions ne peuvent-elles se faire admettre, et la versalité passer pour honorable? Les exemples crèvent leurs yeux. Quel champ ouvert à l'intrigue et à la trahison!

Avec la centralisation, la suppression ou le maintien d'une dynastie ne change donc rien au système : c'est l'arbitraire qui gouverne. L'espoir du peuple dans la justice est toujours trompé, le gouvernement centralisé n'est qu'un vaste système d'exploitation. Voyez : depuis 1870, vous n'avez voté sérieusement qu'une fois et encore sans liberté.

Le peuple a le sentiment de cette immense spoliation, de sa liberté, c'est pourquoi on l'a vu souvent, par ignorance, préférer le despotisme même d'un César de contrebande à ces législateurs soi-disant libéraux, comme en 1851.

Il faut éviter cet écueil.

Toutes les variétés de gouvernements centralisés ont été essayées ; l'insuccès a constamment trompé l'espérance du peuple. Toujours le drapeau de la liberté a servi à abriter le despotisme ; toujours les partis ont menti à leurs programmes. C'est l'apostasie en permanence, la trahison universelle.

Les conséquences de la centralisation se font toujours et immédiatement sentir. Les citoyens, la commune et le département sont déchus de toute dignité ; ce n'est plus le gouvernement qui est fait pour le peuple, c'est le peuple qui semble être fait pour le gouvernement. Le pouvoir envahit tout.

Avec la décentralisation, le 2 décembre n'eut pas été possible, et que de malheurs n'eût-on pas épargnés à la France ! Pour en éviter le retour, il faut renoncer à cette centralisation qui nous ruine et qui sûrement un jour, plus ou moins éloigné, nous ramènerait un tyran ; avec elle nous n'aurions jamais la liberté de la presse, ni celle de la parole.

Voilà la première liberté que nous demandons, et nous y tenons essentiellement, car sans elle, il n'est pas possible d'arriver au progrès.

Si vous nommez des députés bonapartistes ou conservateurs quelconques, qui ne laisseront la liberté qu'à leurs créatures, à leurs flatteurs, pour empêcher la lumière de se faire, et pour vous tromper comme ils l'ont toujours fait ; ou de faux républicains, qui n'acceptent pas les immortels principes de la Déclaration des Droits de l'homme, nous ne pouvons vous approuver.

Mais nous ne voulons plus de révolution ; nous désirons même complètement effacer de notre mémoire le souvenir de nos discordes civiles, en réclamant l'amnistie immédiate et complète. (1).

(1) Je ne vous donne pas les raisons qui nous font demander l'amnistie ; cela n'est pas possible, car la presse subit encore les lois de l'Empire. Le tribunal correctionnel de Paris nommé par le gouvernement républicain, condamne tous les jours des écrivains courageux qui veulent expliquer ces raisons et vous éclairer. Jusqu'à ce jour vous n'avez entendu sur cette question à quelques exceptions près que la cloche de Versailles : « qui n'entend qu'une cloche « n'entend qu'un son. » A quand celle de Paris ? Rappelez-vous seulement que l'Assemblée de Versailles de 1871 a déclaré qu'elle avait le droit de ramener Henri V avec le despotisme et le gouvernement clérical, et que ceux qui se battaient contre elle n'étaient pas de cet avis ; ils soutenaient les armes à la main que vous ne l'aviez pas nommée pour qu'elle ramenât Henri V, mais pour faire la paix. Qu'en pensez-vous ? qui avait raison ?

Cette Assemblée voulait aussi créer un Sénat pour empêcher tout progrès ; ses adversaires n'en voulaient pas, ils exigeaient de nouvelles élections faites après la paix. C'est tout ce que je puis vous dire et cela suffit, sur les causes de l'insurrection.

Les vendéens, les royalistes insurgés, les chouans ont-ils été condamnés au bagne en 92 et 93 ? n'ont-ils pas été amnistiés chaque fois qu'ils ont été vaincus, malgré leur alliance avec l'étranger ?

Le droit de liberté de la presse est tellement important qu'il vaudrait mieux supprimer tous les livres et tous les journaux, éteindre la pensée que de laisser paraître seulement les mauvais, c'est-à-dire ceux qui encensent le pouvoir quand même.

C'est pourquoi nous votons pour des candidats républicains qui ont pour principe la liberté.

Je serais heureux si vous étiez de notre avis sur cette question la plus grave de toutes ; sans elle, il serait inutile je vous le répète, mes chers concitoyens, d'espérer faire triompher le progrès, la justice sur aucun autre point, c'est l'absence de liberté qui me fait craindre

Les soldats des 100 jours après Waterloo ont-ils été condamnés au bagne ?

Et Canrobert et Vinoy et tous les complices du 2 décembre et les hommes du 16 mai ont-ils été condamnés au bagne ? quoique déclarés coupables...

L'amnistie du 18 mars est indispensable, la justice l'exige depuis neuf ans.

Si vous ne l'exigez vous commettez un crime ou une stupidité !

Réfléchissez et accordez sans crainte l'amnistie. Eh ! mon Dieu, si vous ne voulez pas prendre vous-même une décision, rappelez vous ce principe, exposé par M. Thiers lui-même, dans son *Histoire du Consulat :*
« C'est, dit-il, une affreuse invention de la discorde
« que l'exil : elle rend l'exilé malheureux, elle dénature
« ture son cœur et le met à l'aumône de l'étranger ;
« elle promène au loin l'affligeant spectacle des trou-
« bles du pays. **De toutes les traces d'une
« révolution c'est celle qu'il faut effacer
« la première.**

la réélection des députés actuels aux prochaines
élections.

Sous Napoléon, voici comment cela se passait : il n'était pas permis de publier un livre,
sans autorisation, et sans passer par la censure.

Qu'est-ce donc que la censure ? C'est un bu-
reau composé d'employés entièrement dévoués
au gouvernement et bien payés pour cela, où
doivent être examinés tous les livres et bro-
chures que l'on veut faire imprimer et publier.
Vous pensez bien que sous un gouvernement
despotique elle interdisait la publication de
tous les écrits indépendants, de tous ceux qui
ne chantaient pas les louanges du maître. de
ceux qui signalaient les fautes du gouvernement ; elle interdisait surtout les ouvrages sérieux qui pouvaient ouvrir l'esprit du peuple.

Ce qu'il y a de plus incroyable encore dans
la censure, institution monarchique qui doit
disparaître au plus tôt. c'est ceci : vous publiez
un livre, il passe à la censure, il est autorisé
par le gouvernement, il peut paraître. Eh bien,
après cela il peut encore être poursuivi devant
les tribunaux par le même gouvernement, jugé,
condamné, l'auteur emprisonné, expatrié ; et nos
députés osent la conserver. Que dites-vous de
cela, pensez-vous que ce soit juste ? devrait-on
en République avoir besoin d'en demander la
suppression.

Aussi qu'arrivait-il ? par ce moyen, vous ne
saviez plus ce qui se passait ; vous ne saviez où

allait l'argent des impôts ; vous ne saviez pas pourquoi on faisait la guerre au Mexique et ailleurs ; où l'on dépensait des centaines de millions sans motif avouable. Vous ne saviez pas comment, après avoir trahi son serment et assassiné la République, tué les passants sur les boulevards et expatrié cent mille citoyens républicains qui protestaient contre le crime ; après avoir pris des millions à la banque, suborné les employés, arrêté les représentants du peuple ; Napoléon établissait une dynastie sur le crime et qui ne pouvait se soutenir que par la fraude. (1).

Par ce moyen on vous disait au contraire qu'il était un honnête homme, quand c'était un affreux parjure.

Lorsque quelque chose d'heureux arrivait, on vous disait que c'était à Napoléon que vous le deviez ; mais s'il arrivait des malheurs par sa faute, on vous en cachait soigneusement la cause et c'est nous qui en portions la responsabilité.

Il n'est donc pas étonnant alors que lorsqu'on vous demandait ce que vous pensiez du gouvernement et des hommes qui étaient à la tête, vous disiez que tout était bien, vous ne voyiez que cela dans les livres et les journaux.

Vous disiez oui au plébiscite et à tout ce que l'on vous demandait ; vous nommiez députés les

(1) Voir l'Histoire de Thenot sur le coup d'Etat du deux décembre, à Paris et en province, et l'*Histoire d'un Crime*, de Victor Hugo.

candidats officiels, c'est-à-dire es candidats vendus au pouvoir; et un jour, sans vous y attendre, vous vous êtes trouvés les très humbles serviteurs des Prussiens, car on avait employé l'argent du budget pour solder la censure et la police secrète au lieu de fondre des canons et de créer des écoles, et vous avez une augmentation de dette de quinze milliards

Malheur à nous si un jour nous étions asservis par un despote quelconque: nous serions perdus et déshonorés!

Exemples :

En fait de despotes et despotisme, vous ne pouvez pas avoir mieux et plus grand que Louis XIV et Napoléon Ier.

Voici le résultat de leurs règnes :

Louis XIV a ruiné complètement son peuple. Il a amené l'invasion et le démembrement de la France.

La République avait reconquis plus que les frontières naturelles; Napoléon Ier, malgré son génie militaire, n'a-t-il pas à sa charge Moscou, Leipzig, Waterloo, deux invasions et la France réduite comme après Louis XIV.

Napoléon III (le petit) n'a-t-il pas à son actif le Mexique, Metz et Sedan, l'invasion, et la perte de l'Alsace et de la Lorraine.

Voilà où mène fatalement le despotisme. Choisissez.

La Prusse en fera l'expérience, vous le verrez bientôt.

Nous ne pouvons nous relever des vingt ans

de despotisme que nous avons subis, que par la liberté qui nous donnera la justice.

Comprenez-vous pourquoi, nous, Parisiens, nous voulons la liberté de la presse d'une manière absolue et irrévocable, et garantie par la Constitution comme en Amérique, sans cautionnement ni timbre, afin de pouvoir signaler les vices existants, les infractions aux lois, et les améliorations à faire pour éviter de pareils malheurs.

Il fallait encore avant de publier un journal, demander l'autorisation au despote ; et, dans les départements, aux préfets, ses esclaves, ce qui revient au même. Vous pensez bien aussi qu'ils ne l'accordaient qu'à ceux qui étaient disposés à leur donner carte blanche. Et si, par malheur, un journal se permettait un conseil déplaisant, signalait une fraude, dénonçait une injustice, il était à l'instant supprimé.

Voilà ce qui se passait sous l'Empire, et ce qu'il faut éviter à l'avenir. C'est pourquoi notre programme contient ce principe : la liberté.

Art. 3. — *Liberté de réunion et d'association*

La liberté de réunion et d'association est aussi nécessaire que la précédente pour que l'on puisse s'entendre sur les améliorations à demander et les abus à signaler. En effet, il est impossible de discuter sur les intérêts généraux si l'on n'a pas le droit de se réunir.

En Angleterre, en Suisse, en Amérique et dans bien d'autres pays, la liberté de la réunion existe, la liberté de la presse est complète, et jamais cela n'occasionne de désordr s. Ce que j'avance est bien connu de tout le monde : tous les livres en font foi. Actuellement, la liberté de réunion et d'association n'existe que pour les cléricaux, c'est-à-dire pour les ennemis de la République.

Sans cette liberté, comment serait-il possible à des citoyens de s'entendre et de demander des réformes? Ils ne peuvent connaître celles qui sont réclamées par la majorité, s'il ne leur est pas permis de se réunir pour en parler et les discuter; mais la liberté de réunion! c'est toute la liberté pour le peuple qui n'a pas un journal pour exposer ses idées et pour défendre ses intérêts.

Quoi que l'on puisse dire, la presse avec la liberté, même illimitée. sera encore en grande partie anti-libérale pendant bien longtemps. En effet, pour créer un journal il faut de grands capitaux et le peuple n'en a pas. Les personnes riches à peu près, seules peuvent prendre un abonnement et les journaux qui soutiennent les abus de la richesse seuls peuvent vivre. C'est pour cela que nous devons exiger la liberté absolue de réunion qui est la vraie liberté du pauvre.

Nos pères avaient tellement bien compris la nécessité de cette liberté, qu'ils l'ont inscrite dans la *Déclaration des droits de l'homme.* Les bonapartistes, je vous le répète, et les royalistes sont la négation complète des principes de 89.

L'article VII de cette célèbre déclaration est ainsi conçu : « Le droit de manifester sa pensée « et ses opinions, soit par la voie de la presse, « soit de toute autre manière, le droit de s'as « sembler paisiblement, le libre exercice des « cultes, ne peuvent être interdits.

« La nécessité d'énoncer ces droits suppose, « ou la présence ou le souvenir récent du des « potisme. »

Pour les associations voici ce qui existe : Tous les capitalistes peuvent s'associer, mais les travailleurs ne le peuvent pas ; la loi le leur défend. Les capitaux peuvent se grouper ; les capitalistes ont le droit de se réunir, de s'associer pour vendre, acheter ; mais les travailleurs ne le peuvent pas : leur unique propriété consiste dans leur travail ; et les associations pour le travail sont défendues par la loi.

Est-ce juste ? N'est-il pas temps que cela finisse ?

Les cléricaux aussi ont le droit de s'associer. Toutes les libertés sont réservées aux ennemis de la République et des républicains.

Et nos députés sont toujours en vacances ; soyons de bonne foi. A quoi pensent-ils ? De quoi s'occupent-ils ? Aux prochaines élections, mettons-y bon ordre.

Laissons-les à leurs affaires, car je vous le

répète, l'intérêt de ces Messieurs est contre nous.

Qu'attendent-ils pour nous donner cette liberté? Ne sont-ils donc que des monarchistes déguisés?

Art. 4. — *Libertés communales. — Nomination des maires et des conseillers municipaux. — Sous l'empire, les maires imposés étaient transformés en agents électoraux.*

Voulez-vous avoir le droit de nommer vos conseillers municipaux, et qu'ils choisissent parmi eux le maire de la commune? Nous tenons essentiellement à obtenir ce droit qui nous a déjà, hélas! coûté si cher, sans pouvoir l'obtenir, et qui est la première pierre de l'édifice démocratique. Il est inséparable de l'exercice du droit politique de la nomination des députés et sénateurs.

C'est le plus puissant moyen d'intéresser les hommes au sort de la patrie. La commune, n'est-ce pas la patrie en petit? En s'intéressant à elle ils considèrent sa grandeur comme leur propre ouvrage et ils comprennent que leur intérêt y est attaché. De cette manière leur vue s'étend et finit par apercevoir la solidarité qui doit animer tous les citoyens d'un même pays.

C'est pour cette raison que nous votons pour

des républicains sincères, qui acceptent ce principe sans réticence, sans excepter Paris. Nous protestons contre la loi actuelle qui n'accorde qu'aux petites communes le droit de nommer leurs maires, et qui prive de ce droit les chefs-lieu de canton et toutes les autres villes.

Encore une fois que font nos députés actuels? Ils abandonnent tous les principes qui nous les ont fait choisir. Ils ne nous ont donné ni liberté de la presse, ni la liberté de réunion, ni les libertés communales. Il faut les changer le plus tôt possible.

Si vous êtes de notre avis, prenez les mêmes précautions que nous. Souvenez-vous en, avant de choisir un candidat aux prochaines élections. Dans le cas contraire, vous pouvez voter pour des bonapartistes, ils vous enverront des maires de leur choix; ils les prendront même en dehors du conseil municipal afin de continuer à faire nommer députés leurs candidats. Vous vous souvenez que sous Napoléon vous n'aviez pas le droit de nommer le maire de la commune, et que le conseil municipal ne pouvait rien sans son avis et celui du préfet. C'était un moyen de vous faire voter aux élections pour les candidats officiels, c'est-à-dire pour ceux qui étaient présentés par l'administration et qui avaient promis de ne jamais faire d'opposition aux volontés du despote.

Pour éviter le despotisme du gouvernement quel qu'il soit, monarchiste ou républicain, il est indispensable d'affranchir la commune de la tutelle qui lui est imposée. Il faut, comme pour les juges, rendre les fonctions de maire électives dans toutes les communes de la République. L'organisation actuelle de la commune, c'est la centralisation, la servitude, il faut la changer. Le conseil municipal doit être libre sous la surveillance du conseil général. La commune doit avoir le droit de s'occuper de tout ce qui est local; le département de ce qui est régional; le gouvernements de ce qui est national. Sans cette décentralisation, pas de liberté ; et, dans un avenir peu éloigné. ce que nous avons de la République, c'est-à-dire le nom, disparaîtra aussi. C'est à vous de voir si vous voulez retomber sous un despote qui amènera la ruine de la France. Je pense que vous serez de notre avis sur cette question aussi, et que vous rendrez à la vie privée tous les députés actuels qui n'ont rien fait pour la liberté communale.

Le gouvernement doit-il supprimer toute individualité, toute existence collective, intermédiaire et ne laisser subsister qu'une grande existence générale, dans laquelle toutes les autres viennent s'abîmer? Comment concilier la liberté avec cette concentration? S'il existe des choses qui doivent être accomplies par l'unité nationale, il en est d'autres en beaucoup plus grand nombre, qui doivent être faites par l'unité départementale et par l'unité communale; plus les citoyens auront de science dans ces fonctions, plus ils en auront comme citoyens français.

Avec la centralisation administrative, c'est-à-dire la nomination des préfets, sous-préfets et maires de cantons par le gouvernement soi-disant républicain, il n'y aura aucune indépendance, aucune liberté communale. Ce qui s'est passé sous la royauté se renouvellera sous la République. Donc : suppression des préfets et sous-préfets qui ont été créés par Bonaparte après le coup d'Etat du 18 brumaire, et nomination du maire par le conseil municipal.

Peut-on avoir, je vous le demande, des élections libres et sincères pour les députés et les sénateurs, lorsque les maires imposés par le gouvernement sont transformés en agents é ectoraux et menacent ou corrompent les électeurs ?

Si je pouvais ici vous faire l'histoire de la candidature officielle sous l'Empire et le 16 mai, vous rougiriez de honte en voyant à quelle épreuve le peuple français a été soumis pendant vingt ans, et pendant six mois du soi-disant ordre moral, et vous ne seriez plus étonnés des malheurs qui ont accablé la France.

On vous disait alors que les Parisiens ne sont jamais contents, et on vous excitait contre eux avec la plus vive énergie, car on savait bien qu'ils réclameraient toujours le droit de nommer leur conseil municipal, et on ne voulait à aucun prix le leur accorder. On savait que les conseillers municipaux élus fonderaient des écoles, tandis que le despote préfère des théâtres.

On sait que le peuple instruit demande des

comptes : c'est ce qu'on voulait éviter à tout prix.

Nous demandons aussi pour Paris le droit de rétribuer nos conseillers municipaux, car ils ont un travail immense dans une ville aussi importante qui possède un budget plus élevé que bien des Etats de l'Europe. Le mandat de conseiller municipal de Paris est tellement important qu'il devrait être à peu de chose près l'unique occupation des conseillers municipaux.

Nous n'avons pas le droit de leur donner la moindre rétribution, la loi actuelle nous le défend; est-ce juste? Ce sont vos députés qui nous le défendent.

Vous pourriez et vous devriez aussi demander pour vos maires, vos conseillers d'arrondissement et vos conseillers généraux en province, une indemnité de déplacement, car sans cela beaucoup de citoyens des campagnes ne peuvent accepter ces fonctions à cause des dépenses qu'elles occasionnent. Sans cette réforme vous ne serez jamais représentés à la mairie, au conseil d'arrondissement et au conseil général que par des hommes riches et des ambitieux qui peuvent faire ce sacrifice; et ainsi vous serez privés pour ces fonctions des vrais amis de la démocratie. La dépense que cela occasionnerait serait peu importante, car on pourrait supprimer le préfet et le sous-préfet, et les remplacer par une commission de permanence prise dans chaque conseil général et d'arrondissement. Le gouvernement resterait représenté par le procureur de la République, en qualité de commissaire du gouvernement, pour surveiller l'exécution des lois au lieu et place du préfet et du sous-préfet.

La gratuité actuelle a pour but d'exclure de l'administration de la commune et du département tous les travailleurs au profit des patrons, des propriétaires et des rentiers. C'est le monopole de la liberté pour ceux qui sont riches et le contraire de la liberté démocratique. La loi doit nous laisser libres sur cette question, l'obligation de la gratuité doit disparaître dans la loi, car le parti ouvrier n'a aucun représentant au conseil général, et ne peut en avoir.

DEUXIÈME VEILLÉE

Impôts (1)

Nous avons vu dans notre première veillée que la liberté de la presse, la liberté de réunion et d'association sont indispensables pour discuter et étudier les réformes. Nous avons vu que le gouvernement despotique se sert de la presse officieuse pour tromper le peuple, et des juges pour étouffer la liberté. Nous avons réclamé

(1) Voir le budget à la fin du volume, page 125.

l'amnistie. Nous avons aussi appuyé sur l'importance des libertés communales, et nous avons remarqué que la liberté ne peut exister sans la décentralisation judiciaire et administrative inscrite dans la Constitution de 1791-1793 et de l'an III; que c'est Bonaparte, après son crime du 18 brumaire, qui a rétabli l'organisation judiciaire et administrative de la monarchie que nous devons abolir immédiatement au nom de la liberté si nous ne voulons pas être traités d'autoritaires et de bonapartistes.

Parmi les réformes que nous devons étudier maintenant, se trouve en première ligne la question des impôts. Ce sera cet article du programme républicain que nous examinerons dans cette deuxième veillée.

Article premier. — *Suppression de l'impôt foncier, de l'impôt personnel et mobilier, patentes, droits d'enregistrement, des impôts de consommation, des contributions indirectes et des octrois.*

Voulez-vous que les citoyens les plus riches, c'est-à-dire ceux qui possèdent des capitaux, rentes sur l'Etat, actions de chemins de fer et autres, créances hypothécaires, etc., continuent à ne pas payer d'impôts, et laisser subsister les impôts actuels : foncier, l'enregistrement, l'impôt personnel, etc.

Voulez-vous que ceux qui possèdent des champs ou immeubles quelconques payent presque seuls les impôts avec les travailleurs des villes? Ou bien voulez-vous supprimer l'impôt foncier qui est très mal réparti, et tous ces impôts iniques, afin d'encourager l'agriculture?

Voulez-vous supprimer les droits d'enregistrement qui sont injustes, puisqu'on ne tient pas compte pour les établir, des dettes dans les transactions et dans les successions? Ce droit d'enregistrement qu'il faut payer immédiatement et d'avance, ne vous empêche-t-il pas souvent de faire une acquisition avantageuse qui vous procurerait un travail fructueux?

Voulez-vous supprimer les contributions indirectes, les droits réunis, qui sont pour la plus grande partie payés par les travailleurs, attendu que les mauvaises denrées qu'ils consomment payent autant d'impôt que les meilleures, réservées aux personnes riches?

Voulez-vous supprimer les octrois dans les villes pour que les ouvriers puissent se procurer les choses nécessaires à la vie?

Si vous ne voulez pas changer tout cela, votez pour des conservateurs, et même pour beaucoup de faux républicains. Ils ont fait leurs preuves, et ils ne changeront pas un système qui met toute la fortune du pays entre leurs mains.

Nous ne voulons plus de ces abus, créés pour ruiner la petite bourgeoisie, le peuple, les cultivateurs et les ouvriers au profit des rentiers. Nous voulons remplacer graduellement tous les impôts actuels par un impôt unique sur le capital. Ce système protègerait les petits et leur faciliterait l'existence. C'est pourquoi nous votons pour de vrais républicains qui nous affirment être animés des mêmes sentiments de justice, et qui sont reconnus assez sincères pour que nous soyons assurés qu'ils ne trahiront pas leur serment ; espérons qu'un jour nous aurons une loi qui nous permettra de poursuivre les mandataires infidèles. ; notre constitution nous le défend,

Nos législateurs de 1789 ont demandé que l'impôt fut payé par celui qui possède et non par celui qui travaille et ne possède rien. Mais toujours, depuis cette époque, les plus riches ont été les plus forts ; toujours les provinces, les paysans, les ont choisis à tort pour députés ; c'est pour cela qu'il a été impossible jusqu'ici d'arriver à la justice, les riches faisant la loi aux pauvres.

Avant la première Révolution, c'était encore pis : la noblesse et le clergé, qui possédaient les trois quarts de la France, ne payaient rien.

Je suis tellement persuadé de l'importance de la justice dans la répartition de l'impôt, que j'ai voulu savoir par un calcul exact combien cent francs payés de trop tous les ans pendant cent ans, donneraient de capital. Voici ce que j'ai trouvé : Si votre père avait payé cent francs de moins d'impôts de toutes sortes, droits d'enregistrement et autres, tous les ans, et que cette somme ait été placée à 5 %, vous pourriez laisser à vos enfants un capital de trois cent mille francs, c'est-à-dire quinze mille francs de rente.

Vous voyez donc que cette question est très importante ; nous allons l'examiner en détail.

Art. 2. — *Exemples des iniquités de l'impôt, tel qu'on le perçoit actuellement.*

L'impôt foncier, qui est d'environ 700 millions par an, se paye sans déduction des dettes ou charges. Exemple : La dette hypothécaire est d'environ 20 milliards ; pourquoi le débiteur paye-t il l'impôt au lieu du capitaliste ? est-ce juste ?

Le cultivateur qui a sa propriété grevée d'hypothèques légales ou autres, devrait-il payer l'impôt sans que l'on déduise ses dettes, je vous le demande ? et malheureusement, vous le savez, il arrive trop souvent que le propriétaire nominal ne possède son immeuble que comme instrument de travail ; mais le vrai propriétaire est bien le rentier, le capitaliste, qui possède l'immeuble au moyen de l'hypothèque pour laquelle il touche 5 0/0, c'est-à-dire presque toujours plus que le revenu, de sorte que le cultivateur n'a que la peine pour lui, et encore, je ne parle pas des mille accidents qui arrivent dans la culture, comme la gelée, la grêle, etc., qui détruisent entièrement les récoltes !

Ces malheurs empêchent-ils le capitaliste de toucher exactement son revenu de 5 %?

Il serait de toute justice que le cultivateur retirât la plus grande partie du produit de la terre qu'il cultive ; mais, grâce à vous, nous sommes loin de cela. Les députés que vous choisissez sont pour la plupart des capitalistes qui ont intérêt à ne rien changer.

Si tout ce que je vous ai dit est vrai, c'est une somme de plus de deux cent millions par an qui sort de la poche du cultivateur au lieu de sortir de celle du rentier, qu'en dites-vous?

L'impôt des patentes, qui est d'environ 110 millions, est-il plus équitable? Ne devrait-on pas le supprimer, afin d'encourager le commerce et l'industrie. Il est perçu sur la profession, sans avoir égard aux pertes et aux bénéfices du patenté.

L'ouvrier qui veut s'établir est obligé de payer patente : c'est toujours le travail qui paye.

Et la patente du rentier?... Je ne la vois pas? Pourquoi ne l'a-t-on pas établie, si l'on voulait être logique? Et la patente des couvents qui exercent une profession, elle n'existe pas non plus.

L'impôt des portes et fenêtres n'est-il pas contre nature, qu'en pensez-vous? Devrait-on imposer l'air et la lumière?

L'enregistrement, qui est de 630 millions par an, est aussi mal assis et aussi injuste que les précédents. Examinons-le.

Vous achetez un champ, vous payez 7 % de droit. Votre voisin achète une action sur l'État, sur les chemins de fer et autres, il ne paye rien; pourquoi cela? Cependant, vous le savez, il arrive souvent, presque toujours, que vous achetez un champ pour travailler, pour le culti-

ver, et une maison pour rentrer des récoltes;
tandis que les capitalistes achètent des actions
pour vivre de leurs rentes sans rien faire, en
parasites du travail du voisin. Double injustice
au profit du capitaliste, qui est avantagé, de ce
seul fait, de plus de 250 millions par an; vous
ne vous doutez peut-être pas même de cela. Vous
ne comptez pour l'impôt que la somme qui vous
est attribuée par les répartiteurs, et cela ne
vous semble pas exorbitant. Mais tous ces impôts d'enregistrement, droits de transaction, de
succession et d'emprunt, droits réunis et des
octrois, etc., etc., qui sont des impôts déguisés
et qui frappent surtout le travailleur, le cultivateur, fournissent à l'Etat les trois quarts du
budget sans que le capitaliste s'en occupe.

Voilà un des plus grands motifs de votre
misère, qu'il était important de vous faire apercevoir, afin de le faire disparaître aux prochaines
élections.

Sachez donc que si vous avez tant de mal
dans la vie, c'est surtout votre faute. Vous en-
voyez pour vous représenter des messieurs qui
n'ont pas les mêmes intérêts que vous: vous
votez pour des ducs, des barons, des marquis,
des capitalistes, qui font des lois pour leur intérêt et contre le vôtre.

Pour les donations et les successions c'est
encore la même chose. Vous possédez une
action, vous pouvez la donner sans que le fisc le
sache et sans payer de droits. Au contraire, si
vous avez un immeuble, vous ne pouvez le don-

ner sans payer l'enregistrement; c'est toujours le capitaliste qui est favorisé, et le cultivateur paye pour les deux.

L'impôt sur les voitures des cultivateurs est-il juste? Non, car il est évident qu'ils en ont besoin pour leurs travaux et la vente de leurs produits. L'impôt sur le papier atteint beaucoup plus le pauvre que le riche, il faut aussi le supprimer.

Vous empruntez une somme, vous payez 1 fr. 20 %, et ces contrats se font sur papier timbré, qui coûte très cher, ce qui vous met l'intérêt de l'argent à 8 ou 10 %, c'est-à-dire beaucoup plus que la terre ne rapporte en la cultivant. Ici c'est la misère que l'on impose. Où donc encore est la justice? C'est bien triste, à mon avis, pour ne pas dire plus.

Votre père laisse en mourant 40,000 francs de propriétés; s'il ne devait rien, vous payez l'enregistrement sur 40,000 francs. Le mien aussi laisse 40,000 francs, mais il en devait 35,000, ce qui me fait un reliquat de 5,000 francs. Vous croyez peut-être que l'on me fera payer les droits d'enregistrement seulement sur ces 5,000 francs: pas du tout, je payerai sur 40,000 francs. Est-ce de la justice? Comment qualifier cela, alors?

Si cela est vrai, vous pouvez conclure de ce fait que 250 millions par an de droits d'enregistrement sont perçus à tort sur Jacques Bonhomme au lieu de l'être sur les capitalistes.

Le timbre de l'enregistrement produit 137 millions; n'est-il pas aussi injuste que ceux que nous venons d'examiner? Exemples : le timbre des effets de commerce est un impôt payé par le débiteur. Le timbre des quittances coûte 10 centimes pour 11 francs comme pour 1,000.

Vous empruntez 100 francs, vous payez 5 centimes de timbre; si vous ne pouvez payer à l'échéance, en cas de poursuites, toute la procédure se fait sur papier timbré, et Dieu sait si l'on en abuse! Dans ce cas encore, vous payez d'énormes droits ou impôts d'enregistrement. C'est ici encore la misère qui paye; c'est une iniquité. Je veux bien que l'on paye l'huissier, c'est justice; mais imposer le débiteur malheureux par tous ces droits de timbre et d'enregistrement, c'est affreux.

On pourrait parfaitement supprimer tous ces frais.

Voilà pour les droits d'enregistrement que vous payez tous les jours sans vous demander si l'on ne pourrait pas changer tout cela.

Croyez-nous donc une bonne fois quand nous vous disons que les capitalistes sont trop avantagés.

Passons à l'impôt sur les boissons, qui est de 1,040,767,000 francs sans compter les octrois.

Les vignobles payent l'impôt de différentes manières; pourquoi tous ces droits sur les boissoins? Il y en a au moins dix ou douze. Pourquoi aussi les octrois dans les villes, qui sont payés presque entièrement par les travailleurs, qui ne peuvent consommer que les vins ordinaires, quand les personnes riches payent le même droit pour des vins cent fois plus chers et meilleurs.

Un hectolitre de vin à 25 francs paye 23 francs 87 centimes d'entrée, comme un hectolitre de vin à 2,000 francs.

Si ces octrois, qu'il faut payer d'avance, n'existaient pas, le travailleur pourrait acheter son vin directement chez le vigneron, sans passer par le marchand de vin, ce qui lui est impossible actuellement avec les 23 francs 87 centimes d'entrée par hectolitre. C'est donc lui qui paye par le fait les patentes des marchands de vin.

Ce qui vous arrive pour l'enregistrement que vous êtes obligés de payer d'avance, se renouvelle ici pour les travailleurs. Souvent vous ne pouvez acheter un champ à cause de l'enregistrement, et il ne peut acheter en gros ses fournitures à cause de l'octroi. Faisons disparaître, je vous en prie, toutes ces entraves. Promettez-nous qu'aux élections vous vous souviendrez de cela et que vous nommerez un bon député qui sera de notre avis.

On dit qu'il n'est pas possible d'établir de différence pour le prix des entrées et le droit de circulation ; que l'essai en a été fait et n'a pas réussi, raison de plus pour les supprimer entièrement et ne pas les faire supporter surtout par les pauvres gens. Nous ne voulons pas non plus d'impôt somptuaire qui nuirait au commerce et à l'industrie, mais ce n'est pas une raison pour imposer les malheureux.

Tous les prétendants au trône, sachant très

bien que les impôts de consommation sont insupportables au peuple, ont toujours promis de les abolir pour y arriver, mais jamais ils n'ont tenu parole. Lorsqu'ils sont arrivés au pouvoir ils oublient leurs promesses; au lieu de s'appuyer sur ceux qui ont intérêt à réformer les abus parce qu'ils en souffrent, ils s'associent les riches, qui ont au contraire intérêt a les augmenter. C'est pour cela que les changements de gouvernement n'améliorent jamais le sort du peuple. Aussi, après bien des promesses mensongères, le peuple ne comptera plus que sur lui, et il aura raison. Nous avons conquis le bulletin de vote après bien des batailles sanglantes, cela nous suffira si vous le voulez et si vous suivez notre exemple.

Les vignobles gagneront vingt-cinq pour cent le jour où les octrois seront supprimés, par les débouchés que cette réforme donnera au commerce, et la santé des travailleurs ne sera plus à la merci des falsificateurs de toute sorte, que l'on aurait dû punir jusqu'à ce jour comme des voleurs.

On peut sans exagération estimer la fraude sur le vin, à Paris seulement, à quatre cent mille hectolitres de toutes denrées vendues pour du vin. Qui supporte cette fraude, je vous le demande ? Est-ce le riche, qui achète directement, ou l'ouvrier, qui achète en détail ? Ici encore la somme que l'ouvrier paye en trop est incalculable. Il n'est pas étonnant que la statistique accuse une mortalité bien plus grande chez le pauvre que chez le riche, puisque souvent on l'empoisonne.

Il est honteux de voir que dans le pays du monde qui produit le plus de vin, de pareilles monstruosités peuvent encore exister. Et l'on dit que l'ouvrier est toujours mécontent ! Allons donc ! on pourrait l'être à moins.

L'impôt sur le sel, qui est de vingt-six millions, est-il plus juste ?

D'abord le sel est indispensable à la santé de l'homme et des animaux ; à ce point de vue, cet impôt est contre nature.

Mais, à part cela, il pèse presque entièrement sur les agriculteurs car il est évident qu'ils sont obligés de s'en servir pour la nourriture du bétail.

Vous voyez donc que le système financier de la France est vicieux, puisqu'il est rempli d'injustices, de fraudes et d'absurdités.

Je m'arrête ; j'aurais beaucoup encore à vous signaler, mais mon cœur se révolte à la pensée que ceux qui se disent législateurs républicains, et se donnent pour tels. sans avoir protesté de toute leur énergie contre ces scandales, osent encore solliciter les suffrages de ceux qui ont souffert jusqu'à ce jour d'un tel état de choses.

A l'avenir je vous en prie, flétrissez ces imposteurs, qui se couvrent de tous les masques et se disent vos amis et vos protecteurs ; faites-les rentrer dans la vie privée dont ils n'auraient jamais dû sortir.

Puisque l'impôt sur la consommation a contre

lui l'unanimité des électeurs il est bien évident que tous les députés actuels qui n'en ont pas proposé la suppression devront être changés aux prochaines élections ; prenons-en l'engagement.

Savez-vous ce que l'impôt sur les valeurs mobilières, payé par tous les capitalistes de France, possesseurs d'actions sur l'Etat, et autres, donne au gouvernement ? la modique somme de trente-cinq millions, sur trois milliards de budget, c'est-à-dre la quatre-vingt-dixième partie.

De sorte que s'il est vrai, comme le disent certains économistes, que la fortune immobilière de la France est de deux cents milliards, et la fortune mobilière de cent milliards, la première, celle du cultivateur devrait payer seulement les deux tiers du budget, et la seconde, le troisième tiers ; tandis que celle-ci ne paye que trente-cinq millions. C'est donc une différence d'environ neuf cent millions par an au profit des rentiers.

Comprenez-vous pourquoi ces messieurs sont conservateurs ? Et ce n'est encore là qu'une faible partie des avantages que la loi leur donne, comme nous le verrons plus loin.

Art. 3. — *Impôt unique sur le capital.* (1).

Oui, me dira-t-on ; mais il faut bien que le budget de l'Etat se solde ; et on ne peut imposer

(1) Voir les ouvrages de MM. Emile de Girardin et Ménier, députés.

les objets de luxe, mais seulement les choses nécessaires à la vie. Que proposez-vous ?

Nous proposons de supprimer graduellement tous les impôts existants, et de les remplacer par un seul, qui serait établi sur la fortune de chaque individu. Ainsi, par exemple, une personne possède cinquante mille francs de meubles, immeubles, actions, créances de toutes sortes même sur l'État : elle payera son impôt sur cette somme.

Une autre possède cinquante mille francs de terres, maisons, meubles, etc., mais elle doit vingt mille francs ; elle ne payera que sur trente mille : c'est tout. Un impôt de 0 fr. 50 pour °/o sur le capital net suffirait pour équilibrer le budget.

Pour remplacer les octrois dans les villes, on procédera de la même manière. On supprimera tous les droits d'entrée, et chaque habitant payera le budget de sa localité au prorata de sa fortune. Plus on sera riche, plus on payera d'octroi, tandis qu'actuellement c'est le contraire qui a lieu.

Quelques personnes pourront vous dire qu'elles préfèrent l'impôt sur le revenu à l'impôt sur le capital. Vous pouvez leur répondre qu'elles se trompent, quoique plusieurs économistes soutiennent le même principe, puisque l'impôt sur le revenu est impraticable, et que du reste, ce serait encore imposer le travail, ce que nous ne voulons plus, tandis que l'impôt sur le capital est très facile à établir, et qu'il peut donner immédiatement un résultat complet. Pour confondre les partisans de l'impôt sur le revenu, et savoir si ce n'est pas pour quelques-uns un moyen d'éliminer nos justes réclamations qu'ils le proposent, il faut mettre ses partisans en demeure de l'établir immédiatement d'une manière équitable, et de supprimer toutes les iniquités que nous avons signalées, ou d'accepter l'impôt sur le capital, c'est-à-dire l'impôt au prorata de la fortune acquise.

Proudhon, le plus grand républicain du dix-neuvième siècle, qui a tant travaillé et souffert pour le peuple, qui a sûrement mérité le Panthéon, se prononça d'abord entièrement pour l'impôt sur le capital. Si plus tard dans sa théorie de l'impôt il a abandonné ce système comme insuffisant pour la justice, c'est qu'il voulait arriver à la suppression de l'intérêt, à la suppression de la rente et du fermage. On peut donc, sans se séparer de ce grand logicien, combiner les deux systèmes : Établir l'impôt unique sur le capital et réduire l'intérêt ou l'usure et les monopoles pour obtenir le résultat qu'il poursuivait, c'est-à-dire la justice. Du reste, sa théorie de l'impôt est une critique générale de tous les impôts. Tous les ouvrages de Proudhon doivent être étudiés et approfondis par les vrais amis du peuple.

Quelques républicains et plusieurs économistes, J. B. Say, entre autres demandent l'impôt progressif. Je ne veux pas étudier les raisons qu'ils donnent à l'appui de cet impôt :

je les tiens pour bonnes. Proudhon dit cependant que l'impôt progressif est une bévue dont la responsabilité tout entière revient aux économistes. Mais ce que je remarque, c'est qu'il est proposé prématurément, avant d'avoir obtenu un impôt sur le capital, et qu'il nuit singulièrement à l'établissement de ce dernier. L'impôt progressif est établi sur les loyers à Paris, mais il grève beaucoup plus le travail que le capital, ce n'est pas là le but que nous poursuivons. Que faut-il au peuple ? La suppression des impôts de consommation, et de tous les impôts établis sur ceux qui ne possèdent rien. Plus tard, quand nous aurons obtenu ce résultat, si la majorité veut répartir l'impôt progressivement sur les fortunes, elle sera libre de le faire ; mais aujourd'hui l'important est de penser au peuple, aux travailleurs, à celui qui possède peu ou rien. L'impôt progressif doit donc faire place pour le moment à l'impôt proportionnel. Si nous obtenons ce dernier, ce sera un progrès immense dont les travailleurs profiteront immédiatement.

Cet impôt sur le capital est établi en partie aux États-Unis. Mais il ne faut pas de demi-mesures, afin de faire disparaître les frais de perception qui sont très élevés aujourd'hui (puisqu'ils sont de deux cent millions. Voir le budget des dépenses, page 125).

Je le répète, on pourrait sans inconvénient mettre un impôt de 0 fr. 50 pour % sur le capital net de chaque citoyen, et abolir les autres impôts au fur et à mesure des rentrées.

Avec cet impôt sur le capital, nous obtiendrons immédiatement ce résultat : que ceux qui ont beaucoup payeront beaucoup, ceux qui ont peu payeront peu, et ceux qui n'ont rien ne payeront rien.

La dette de l'Etat, qui est de un milliard de rentes ou de vingt milliards de capital se trouverait payée par ceux qui possèdent et au prorata de leur fortune ; elle ne semblerait plus aussi exorbitante à l'ouvrier.

On devra amortir la dette publique et *surtout ne jamais contracter d'emprunt*. Ce qui sera facile.

L'impôt sur le capital nous donnera cette proportion.

Pour	100 francs	0 fr. 50
—	1.000 —	5 »
—	10.000 —	50 »
—	100.000 —	500 »
—	1.000.000 —	5.000 »

C'est-à-dire la *deux centième* partie de la fortune tandis que l'impôt indirect, l'impôt sur la consommation, sur les objets de première nécessité, sels, boissons, tabac, pain, etc., nous donne cette proportion inverse, chaque personne riche ou pauvre ne pouvant se passer des objets imposés.

Chaque famille se trouve taxée de la manière suivante :

Pour un capital de 100.000 fr.	100 fr.	1/1000 du rev.
— 50.000 —	100 —	1/500 —
— 25.000 —	100 —	1/250 —
— 10.000 —	100 —	1/100 —
— 1.000 —	100 —	1/10 —

Cet impôt est donc progressif dans le sens de la misère. C'est la vérité la plus terrib'e contre les conservateurs. Comprenez-vous pourquoi ils sont conservateurs ? Mais c'est votre faute s'il en est ainsi, car c'est vous qui les choisissez pour faire la loi.

Ce serait encore le plus sûr moyen d'empêcher l'augmentation *constante de la dette et du budget* de l'Etat, car ceux qui font la loi sont presque toujours favorisés de la fortune. S'ils étaient obligés de solder eux-mêmes le buget ils ne songeraient plus je vous assure, à l'augmenter.

Cette réforme de l'impôt, je le sais, ne suffit pas pour rétablir la justice ; la rente aussi devra être réduite, car sans cette réforme urgente, le capital absorberait encore tous les bénéfices du travail. En effet avec quoi le rentier paye-t-il l'impôt ? Ce n'est pas avec le produit de son travail puisqu'il ne travaille pas. C'est avec l'intérêt de son argent et la rente de ses terres. Qui lui paye cet intérêt, cette rente ? c'est le travailleur, donc c'est encore le travail qui par le fait paye l'impôt du rentier. C'est pour cela qu'il faut limiter le taux de l'argent autant que possible sans entraver la circulation, c'est-à-dire à 2 ou 3 % et le fermage à 1 1/2 ou 2 % comme nous verrons plus loin.

Qu'ont fait nos députés pour changer tout cela ? rien absolument. Alors donnons leur congé le plus promptement possible.

Jusqu'à ce jour, cette rente de un milliard

dûe par l'Etat est payée au moyen d'une augmentation considérable sur tous les impôts. En 1848, on a eu recours, pour payer la dette de la royauté, à l'impôt absurde des 45 centimes; le cultivateur en payait la plus grande partie. Cela n'a pas peu contribué à déconsidérer la République dans les campagnes. Profitons de l'expérience. Revenons donc à la justice; imposons ceux qui possèdent des rentes de toutes sortes. Soyez assurés que c'est le meilleur moyen de gagner des partisans à la République, d'équilibrer le budget qui augmente tous les ans, et d'amortir la dette de l'Etat qui est montée en quatre-vingts ans, au chiffre fabuleux de vingt milliards. Vous êtes les maîtres; si cela continue, ce sera votre faute. Nous sommes le droit, nous avons la justice pour nous, nous sommes le nombre. Soyons intelligents, nous serons la force, et surtout choisissons nos représentants parmi ceux qui travaillent.

Ceux qui ont intérêt à repousser l'impôt sur le capital vous diront qu'il serait très difficile et indiscret d'établir le montant de la fortune de chaque famille. Je leur réponds que l'enregistrement établit bien maintenant le capital d'une succession mobilière et immobilière; que par conséquent, ce que l'on peut faire pour une famille, on peut le faire pour toutes. Remarquez aussi que les employés de la régie sont souvent très indiscrets et qu'ils doivent se livrer, pour remplir leurs fonctions, à bien des investigations désagréables. Le système hypothécaire actuel n'est-il pas indiscret?

Pour établir l'impôt, ce serait l'affaire des conseillers municipaux et des contrôleurs des contributions, qui recevraient les déclarations de chaque citoyen d'une manière très simple et très facile, et la perception des impôts ne coûterait presque rien. Il y aurait donc un bénéfice de 9 p. % au moins sur ces frais, et les iniquités qui existent aujourd'hui disparaîtraient toutes. On ne peut pas objecter que les citoyens déguiseraient l'actif de leurs fortunes, puisque nous savons que lorsque l'on établit cet impôt dans la République Athénienne, c'est le contraire qui eut lieu. Les citoyens, par orgueil, déclaraient souvent plus que leur fortune réelle.

Pour empêcher les fausses déclarations, il suffirait d'inscrire dans la loi que toute créance non déclarée serait annulée et attribuée pour moitié à la commune, et la seconde moitié au débiteur.

Ne dites donc plus que vous n'aimez pas de vous occuper de politique ; c'est votre intérêt qui est en jeu. C'est parce que vous êtes très occupés par vos travaux des champs, et que vous n'avez pas les livres nécessaires pour vous instruire sur ce qui a rapport au gouvernement, que j'ai pris la liberté de vous expliquer en abrégé, les principales questions que nous devons éclaircir ensemble et trancher par le bulletin de vote.

Lorsque vous nommerez un représentant du

peuple, député ou sénateur, ne le nommez donc
plus sans savoir ce qu'il pense. S'il ne veut pas
travailler à abolir toutes ces injustices, ne le
choisissez pas ; je vous en conjure, au nom de
votre intérêt, de la justice, de l'égalité et de la
fraternité.

Ce n'est pas l'aumône d'un sou dans la rue
que le riche doit au pauvre. Il ne faut pas prendre en gros dans le budget pour faire la charité
en détail. C'est la justice et la liberté que les
travailleurs demandent, et non la charité.

TROISIÈME VEILLÉE

Armée

Je crois vous avoir donné assez de détails sur
les iniquités de l'impôt, pour vous convaincre de
la nécessité d'opérer une réforme radicale dans
le sens démocratique. Dans notre troisième
veillée, nous examinerons si l'armée, qui est, ce
que l'on appelle l'impôt du sang, ne pèse pas
plus sur les pauvres que sur les riches, et s'il ne
serait pas juste d'opérer une grande réforme
sur ce sujet. Nous verrons aussi si les emplois
sont bien donnés au mérite, et si sur ce point
important, il n'y a pas beaucoup à changer.

Article premier. — *Abus et suppression des remplacements. — Abolition de la conscription. — Armée nationale.* (1).

Voulez-vous que les pauvres seuls soient soldats, pour que l'on fasse la guerre dans tous les pays du monde et sans motif? Dans ce cas, votez pour des conservateurs. C'est au contraire pour que tout le monde soit soldat à son tour pendant peu de temps que nous votons pour des républicains sincères.

Vous vous souvenez de ce qui se passait sous Napoléon : ceux qui ne pouvaient pas se racheter étaient soldats pendant sept ans, tandis que les riches se faisaient exempter pour deux mille francs environ.

Par ce moyen, les conservateurs des abus n'avaient jamais leurs enfants à l'armée. Et, comme le budget de la guerre, aussi bien que les autres, est alimenté en grande partie par ceux qui ne possèdent rien, ces bons conservateurs, ne craignant pas les dépenses que la guerre occasionne, n'ayant non plus rien à craindre pour leurs fils, donnaient liberté entière au despote de faire la guerre chaque fois que cela lui plaisait.

Napoléon III cependant n'était pas brave, il l'a prouvé à Sedan. Et en outre il avait déclaré

____

(1) Voir le livre du général Wimpfen : *La Nati.n armée.*

que « l'Empire serait la paix. » Eh bien, malgré cela, par la seule force des choses, pour conserver son despotisme, pour détourner les esprits de la politique, ou pour d'autres motifs inavouables, combien de guerres absurdes n'at-il pas faites! guerre de Rome, guerre de Crimée, d'Italie, de Syrie, de Chine, du Mexique et de Prusse. Et qu'est-il résulté de toutes ces guerres ? C'est qu'en 1866, quand il aurait dû la faire contre la Prusse, il avait tellement gaspillé les finances de la France, et le matériel de l'armée au Mexique, d'où il est revenu vous savez comment, qu'il ne pouvait pas mettre la moindre armée en ligne à cette époque.

Savez-vous ce qui a amené cette désastreuse guerre du Mexique? vous ne vous en doutez peut-être pas? Les flatteurs disaient, et leurs journaux répétaient, que c'était la plus belle pensée du règne. Hélas ! il n'est que trop vrai qu'elle a été entreprise pour une créance problématique de quelques millions due à un banquier nommé Jecker et qui avait promis de la partager avec un haut personnage de la cour, si le gouvernement français lui faisait rembourser cette somme par le Mexique. Voilà le motif de cette guerre néfaste qui a coûté des centaines de millions à la France. Combien de braves soldats sont restés couchés dans ces lointains pays ! Et l'honneur du drapeau est-il revenu intact ?... Mais il n'était pas permis de dévoiler ces faits ; la presse était asservie ou vendue ; il n'y avait place que pour la flatterie et le mensonge, la liberté était morte au coup d'État du 2 décembre. Appellerez-vous encore cela de l'ordre ? je ne le crois pas.

Tout s'enchaîne ; et après le crime de Napoléon et le despotisme imposé. nous avons eu l'invasion ; nous avons subi la perte de deux provinces, et nous avons sept cent cinquante millions de rentes de plus à payer tous les ans. Voilà ce que l'on obtient avec le despotisme. Et c'est cela que les conservateurs appellent la tranquillité et la prospérité.

Actuellement il vous semble peut-être que tout le monde est soldat ; oui, mais avec cette toute petite différence que les riches ne le sont que pendant un an au lieu de cinq ans au moyen du volontariat d'un an. Eh bien, mes chers compatriotes, nous croyons que ce système n'est pas suffisant, puisqu'il n'établit pas le principe de l'Egalité.

La Prusse a inscrit sur son drapeau : « Allemagne et despotisme. » Ce sera sa perte. Si nous voulons être forts, inscrivons sur le nôtre la devise de la France : « Egalité, Justice et Liberté. »

Elle a pris pour mot de ralliement : « Unité! » Prenons pour le nôtre : « Fraternité ! »

Par ce moyen, nous gagnerons la sympathie des peuples. et comme en quatre-vingt-douze, nous combattrons avec succès, car nous joindrons la force morale, qui gagne les esprits et les cœurs, à la force matérielle qui gagne les batailles.

Si les principes de liberté et de justice nous ont donné la victoire à cette époque, que nous a valu le despotisme de Napoléon Ier ? Rappelez-vous Moscou, Leipzig et Waterloo. Que nous a valu le despotisme de Napoléon III ? Rappelez-vous Sedan.

Revenons aux bons principes et je vous affirme que les mêmes causes produiront les mêmes effets.

Voilà les motifs qui nous font voter pour des républicains qui aboliront la conscription et ce remplacement déguisé que l'on appelle volontariat d'un an, et nous donneront les anciennes armées de Valmy et de Jemmapes, parce qu'ils constitueront l'armée démocratiquement, c'est-à-dire que tout le monde, sans exception sera soldat deux ans au plus.

Je dis deux ans, et non trois ans, voici pourquoi : chaque contingent annuel est de 150 000 jeunes soldats, ce qui fait 300 000 hommes pour deux ans. Notre armée actuelle contient 370 000 hommes, sans compter 25 000 officiers et 50,000 engagés volontaires. Nous aurions donc, avec trois ans de durée de service, 80.000 hommes de plus sous les drapeaux, qui seraient par conséquent en moins pour l'agriculture. Il faudrait en outre pour cela augmenter le budget de 80,000 millions, ce que nous ne voulons pas.

D'un autre côté, il est impossible d'imposer trois ans de durée au service militaire pour ensuite renvoyer 30,000 hommes tous les ans ;

car l'instruction militaire devant décider seule de ces libérations anticipées, il est bien évident que l'armée perdrait par là tous les éléments propres au recrutement des sous-officiers. Il faut aussi éviter cet écueil.

On pourrait encourager le réengagement des sous-officiers par une prime de mille francs environ, selon la durée du réengagement ; et en leur donnant une plus grande liberté personnelle en dehors du service ; en leur donnant une solde plus élevée, en supprimant la promiscuité du logement toujours très pénible pour des hommes bien élevés. Enfin, en leur donnant certaine garantie pour leurs grades. Quant à l'appât d'obtenir un emploi de l'Etat, c'est illusoire. On pourrait aussi encourager celui des caporaux et des simples soldats dans la cavalerie et dans l'artillerie.

Nous ne devons pas dormir un seul jour, nous ne devons pas nous reposer un seul instant jusqu'au moment où nous serons assez forts, assez nombreux pour repousser l'invasion si elle nous menaçait encore.

Ne comptons pas sur nos voisins, mais sur nous ; désirons des alliances, mais sans nous appuyer uniquement sur elles. Nous sommes assez grands pour nous défendre : soyons braves !

Les forteresses que nous élevons sur nos nouvelles frontières sont très bonnes et très utiles ; mais nous ne serons réellement invincibles que lorsque nos cœurs seront fortifiés et que notre drapeau sera l'enseigne de la justice et de la fraternité.

Voilà, mes chers concitoyens, les deux plus graves questions sociales qui divisent actuellement les soi-disant conservateurs (les exploiteurs) et les vrais républicains. Les premiers, les conservateurs des abus, et même de faux républicains dits conservateurs, veulent que les impôts soient payés presque entièrement par les pauvres, les travailleurs, que l'usure soit libre, comme nous le verrons plus loin, et que l'armée soit composée aussi presque exclusivement de ceux qui ne peuvent se racheter.

On vous fera des objections sur les impôts et sur l'armée.

1° Toutes les personnes intéressées, à cause de leur trop grande fortune, à ne rien changer au système actuel, ne voyant pas quelle sécurité leur donneraient les réformes que nous demandons puisqu'il n'y aurait plus de motifs à révolutions, vous diront qu'il n'est pas possible d'imposer toutes les créances. Dites-leur que la question est bien étudiée ; que les meilleurs esprits, tous ceux qui aiment vraiment le peuple et la France, sont partisans de l'impôt selon la fortune de chacun et de l'organisation du crédit. Toute la difficulté consiste donc à obtenir une loi pour cela ; car en général les députés sont trop riches, et ils ne s'inspirent pas de l'amour de la justice ; ils consultent leur intérêt personnel. Rappelez-vous cela à chaque élection;

quand vous le voudrez, nous obtiendrons toutes ces réformes.

2° Pour l'armée, les objections qu'on pourrait vous faire ne sont appuyées sur aucune bonne raison, puisque tout le monde serait soldat très peu de temps ; et en cas de guerre, la France entière serait armée pour la défense : le riche comme le pauvre. La fraternité dans l'armée ferait notre force.

Les républicains veulent donc, avec la réforme dans les finances, que la loi militaire ne favorise plus les riches ; ils doivent payer leur dette à la patrie de leur personne et non en argent.

Eh bien, qu'en pensez-vous ? Comprenez-vous ce que c'est que la République ? Je crois que vous serez de notre avis, et qu'à l'avenir vous ferez comme nous, vous ne voterez que pour des députés et des sénateurs qui seront disposés et intéressés à donner satisfaction à tous.

Ce sera la justice pour les finances, la force pour l'armée et la sécurité pour nos frontières. Avec ce système, nous aurons une armée invincible, celle de 92 est là, dans l'histoire, pour prouver ce que j'avance; et la dette de l'État ne pèsera plus autant sur les travailleurs.

Art. 2. — *Décentralisation de l'armée.*

En Suisse, le gouvernement n'a pas le droit d'entretenir une armée permanente, les milices cantonales, les forteresses, ne sont commandées par le gouvernement central que dans le cas de guerre; en temps ordinaire de paix, l'armée reste sous le commandement des autorités départementales.

Nous devons adopter ce système. Voici pourquoi.

La centralisation de l'armée entre les mains du gouvernement est d'abord très coûteuse, mais ce n'est là que le moindre inconvénient. Je tiens à vous indiquer le danger de cette centralisation, je veux vous dire toute la vérité. Si un jour, mes chers concitoyens, il nous arrivait de nouveaux malheurs, que nos libertés nous fussent confisquées par l'armée, comme au 18 brumaire et au 2 décembre, je n'aurais pas à me reprocher mon silence.

Ne voyez-vous pas quel danger il y a de laisser entre les mains d'un homme cette force immense de six cent mille baïonnettes?

Nous n'aurons aucune sécurité pour l'avenir de nos institutions républicaines tant que ce danger existera. Il est inutile de nous faire illusion sur ce système, et d'invoquer, en sa faveur, les dangers qui peuvent venir de l'étranger. Le véritable danger de cette force immense et inconsciente que je vous signale, est mille fois plus à craindre. Parce que nous aurions la décentralisation de l'armée, comme en Suisse, croyez-vous qu'elle en serait moins forte? Je vous affirme, au contraire, l'histoire en main, que ce système déculperait son patriotisme et sa force.

Exemples des dangers de la centralisation de l'armée :

Qui a fait le 18 brumaire et le 2 décembre? C'est l'armée.

A Rome, n'est-ce pas la création des armées permanentes qui a causé la perte de la République? Vous vous souvenez que l'armée faisait et défaisait les Césars, qu'un jour il est arrivé que Rome avait jusqu'à quatorze empereurs à la fois. Quel désordre jusqu'à la fin de l'empire d'Occident.

Qui n'a entendu tenir ce propos il y a deux ou trois ans? on disait: L'Amérique veut abandonner la République. Qui disait cela? Ce sont les personnes que la République a enrichies qui voulaient secouer le joug de la liberté et de l'égalité. Toute la presse réactionnaire en France, était du même avis. Le général qui était président de la République américaine, aurait parfaitement bien désiré être renommé président mais la Constitution le défendait, et il n'avait pas une armée centralisée sous la main pour imposer sa volonté à la nation, dans le cas où il aurait voulu faire ce qu'a fait Napoléon III, en 1851. La Constitution a été respectée parce que les riches Américains n'ont pas pu faire autrement (comme au 16 mai, où l'armée ne s'est pas trouvée d'accord). Vous vous souvenez du brave commandant Labordère, et le peuple américain jouit pour des siècles de la liberté que sa sage Constitution lui a conservée.

En Espagne, c'est Alphonse XII qui gouverne;

qui l'a imposé au peuple? C'est encore l'armée qui a anéanti la Représentation nationale. Le général Pavia, a envahi la chambre et a supprimé la Représentat'on nationale, au profit des nobles qui ont fait une Constitution oligarchique et l'ont imposée.

Quant au motif que l'on invoque de nos dangereux voisins : rappelez-vous que l'Allemagne n'avait pas une armée centralisée quand elle s'est fait déclarer la guerre par Napoléon, et que malgré cela elle était plus forte qu'elle ne le serait aujourd'hui. Rappelez-vous que les armées de 92 étaient composées de volontaires et qu'elles ont battu la coalition. En cas de guerre étrangère, l'Assemblée nationale nommerait les généraux.

Art. 3. — *Emplois civils et militaires à l'élection.*

Tous les citoyens sont admissibles aux emplois civils et militaires, sans distinction de naissance ni de fortune ; le mérite seul doit être le mobile de l'avancement. Voilà le principe (voir la *Déclaration des droits de l'homme et du citoyen*), c'est pour cela que nous votons pour des républicains qui nous donneront *une loi juste* pour régler les droits de chacun par l'élection organisée de la base au sommet, d'après un règlement d'ordre voté par l'Assemblée nationale.

Avec le système actuel, nous avons les amis

du despotisme, les incapables, les flatteurs, pour commander, pour juger et administrer. Avec l'élection organisée, nous aurons les plus braves et les plus loyaux pour chefs. Montesquieu dit dans l'*Esprit des lois* : « La preuve que « les magistrats doivent être élus par le peuple, « c'est l'exemple d'Athènes et de Rome qui « élurent toujours les plus dignes. » Adoptons donc ce système partout où il peut être employé. Les jésuites et les cléricaux dans leurs couvents et leurs écoles font toutes les nominations à l'élection. Pourquoi n'en veulent-ils pas pour nous ? Parce que c'est la force et la justice. Le pape même est nommé à l'élection. Parce que l'élection est le principe régénérateur.

La conscience proteste contre ce qui se passait sous l'Empire. Il me serait impossible de vous décrire les injustices qui présidaient à l'avancement, à la distribution des emplois et des honneurs.

Que voyions-nous à la tête des administrations ? Des chefs parvenus uniquement parce qu'ils étaient courtisans ou protégés. Les autres employés étaient privés d'avancement à cause de leurs qualités mêmes. L'indépendance et l'amour de la justice qui les désignaient pour remplir les premiers emplois étaient cause de leur défaveur.

Au despotisme sous toutes ses formes, il ne faut pas de vertus, mais des âmes assez basses pour s'avilir jusqu'à la flatterie. On peut dire que l'avancement était donné en raison directe de la bassesse du caractère. Montesquieu dit encore dans son *Esprit des lois* : « que la royauté n'est « pas le régime de la vertu. » Et il cite à l'appui de cette parole le passage suivant du testament politique du cardinal de Richelieu, ministre de Louis XIII : « Si dans le peuple il se trouve « quelque malheureux honnête homme destiné « à une haute fonction, le roi doit se garder de « s'en servir, car il serait trop austère, » tant il est vrai que la vertu n'est pas du ressort de ce gouvernement.

Rappelez-vous aussi ces paroles de l'abbé Grégoire, député, à la proclamation de la première République en 92 : « Les rois sont « dans l'ordre moral ce que les monstres sont « dans l'ordre physique. Les cours sont les « ateliers de tous les crimes; l'histoire des rois « est le martyrologe des nations. »

Oui, jusqu'à ce jour, toutes les places ont été données à la faveur; l'avancement n'était donné que par faveur et protection ; aucune loi, aucun règlement ne traitant de cet objet, l'administration était libre de faire les nominations qui lui plaisaient. Vous pensez bien que non-seulement elle en usait, mais qu'elle en abusait sans le moindre scrupule : l'avancement obtenu au mérite et à l'ancienneté était dérisoire.

Cette question de l'élection de tous les fonctionnaires est encore incomprise, car souvent on me fait des observations qui ne sont pas sérieuses; on me dit: Alors, le premier venu pourra être nommé général, etc. Mais c'est justement pour éviter cela qu'il faut revenir à l'élection.

Actuellement le gouvernement a le droit de prendre tous les fonctionnaires où il veut, et il arrive souvent qu'il choisit pour mettre à la tête des services publics des hommes qui n'y n'ont aucun droit, et qui ne connaissent pas le premier mot des administrations qu'ils sont appelés à diriger. Je ne fais pas de personnalités, je ne veux citer personne; mais voyez ce qui se passe; interrogez les employés de chaque administration et vous verrez que *tous ceux* qui arrivent aux premiers emplois sont toujours nommés par protection ou à cause de leur parenté avec les hommes du gouvernement, comme sous l'ancien régime.

C'est pour supprimer ces abus que la centralisation amène inévitablement, que nous demandons une loi pour fixer les conditions d'avancement dans la magistrature, l'armée et les administrations.

Il faudra donc remplir les conditions imposées par la loi pour obtenir une fonction quelconque. Dans ce cas, les nominations réservées au choix, un tiers par exemple, seront faites à l'élection ainsi que la loi l'aura prescrit; les autres, à l'ancienneté de service. Sans cette loi, n'importe qui sera au gouvernement, les protections seront tout. Nous en ferions peut-être autant pour nos parents et nos amis, si nous étions au pouvoir, ce serait toujours la même chose. Il ne suffit donc pas de changer les hommes du gouvernement, de renverser les ministres pour obtenir le droit et la justice. Il faut changer le principe.

Dans toutes les administrations on procèdera de la même manière, c'est-à-dire que pour le tour au choix, les militaires ou les employés de chaque grade nommeront au grade supérieur leurs collègues qui ont un certain temps dans ce grade ; et partout où il ne sera pas possible d'organiser l'élection, il sera créé des concours après lesquels, parmi tous les candidats qui seront jugés capables, on choisira par rang d'ancienneté ceux qui devront obtenir les emplois.

Vous voyez donc que ce n'est pas pour faire arriver ceux qui n'auraient aucun droit, mais pour empêcher les abus scandaleux qui existent actuellement, sous la République, que nous voulons, afin de relever les caractères et de sauver la liberté, les nominations à l'élection.

Par le népotisme du pouvoir, vous arrivez lentement, mais sûrement à l'empire, à la royauté, à la dictature, ou, pour mieux dire, le despotisme, c'est cela.

Si vous n'avez pas foi en l'élection, ne vous dites pas républicains, vous vous tromperiez. Encore une fois, la royauté c'est le pouvoir venant d'en haut, la République, c'est le pouvoir venant de la nation, du peuple, et pas autre chose.

Gouverner, cela signifie surtout nommer des fonctionnaires : maires, préfets, juges, officiers, administrateurs. Actuellement, le gouvernement les nomme tous, à l'exception des maires des villages, mais qui cependant restent sous la tutelle des préfets ; c'est le despotisme.

Quand nous les nommerons tous à l'élection ou au concours sans la participation du gouvernement nous serons véritablement en République.

Il existe aussi pour l'armée, une loi qui garantit l'indépendance des officiers, sans que la discipline en souffre. Je veux parler du conseil d'enquête institué pour juger les officiers qui auraient manqué à leur devoir, ce qui enlève au gouvernement le pouvoir judiciaire. Nous demandons aussi une loi pour garantir l'indépendance et la liberté politique des employés de l'Etat et des grandes administrations ; car si l'administration, comme à présent, réunit les trois pouvoirs : législatif, exécutif et judiciaire, ce qui constitue sous la République même, un sytème tout à fait despotique, les pouvoirs n'étant pas divisés, cela est tout à fait injuste. Il faut éviter ce qui est arrivé malheureusement trop souvent ; au 16 mai, par exemple, on a vu des employés mis en disgrâce ou révoqués après vingt-cinq ans de service pour un caprice intéressé de l'administration. Malheur aux pauvres employés qui ont encouru sa colère ! ils sont impitoyablement sacrifiés s'ils n'ont pas de hauts personnages pour soutenir leurs droits. La liberté des employés est donc tout à fait annulée avec une administration despotique. La République ne doit pas laisser subsister plus longtemps un pareil abus.

Pour justifier nos derniers malheurs sous l'Empire, il serait injuste d'attaquer la bravoure de nos soldats. Partout, ils se sont conduits en héros, mais ils n'étaient pas assez nombreux. et, comme on l'a dit, ils étaient mal commandés. Les généraux en chef à la tête des corps d'armée étaient presque tous des valets de cour ou de simples courtisans. Voilà le vrai motif de nos désastres, que l'élection des chefs nous aurait assurément épargnés.

Dans toutes les administrations, c'était absolument la même chose ; les chefs étaient choisis de la même manière. Le népotisme de l'Empire nous avait privés de tous les hommes intelligents dans l'armée et l'administration.

Mais, trève de récriminations ; tirons un trait sur le passé et songeons à l'avenir.

Il faut, si vous ne voulez pas laisser s'éteindre le soleil de la France, revenir aux traditions que nous ont laissées nos pères, les Gaulois, suivre l'exemple des pays libres, et voter tous ensemble pour des républicains sincères qui encourageront la vertu et l'intelligence et nous donneront une loi pour régler les droits de chacun.

Nos députés actuels n'ont rien fait pour rétablir la justice, donnons leur congé.

QUATRIÈME VEILLÉE

Economie dans les finances. — Instruction.

Après avoir examiné la liberté, l'impôt et l'armée, nous avons encore beaucoup de choses à étudier afin d'arriver à un ensemble satisfaisant pour notre système gouvernemental. Je vous ai parlé de la sécurité en ce sens qu'il faut être forts contre nos ennemis du dehors; mais il existe dans notre organisation militaire un vice de centralisation qu'il faut aussi faire disparaître pour la sécurité intérieure et l'économie des finances. Eh bien, ici encore, c'est par la décentralisation que nous parviendrons le plus sûrement à la réduction des dépenses, et en réduisant considérablement les appointements des hauts fonctionnaires.

Article premier. — *Maximum des appointements des hauts fonctionnaires considérablement réduit. — Suppression du cumul des fonctions. — Suppression des sinécures.*

Voulez-vous que le chef de l'Etat coûte cinquante millions comme sous Napoléon et la monarchie? Sans compter les fonds secrets, ce qui monte à plus de cent millions par an. Ou bien, voulez-vous comme nous le réduire à un million et même le supprimer? Si vous êtes de notre avis, votez comme nous pour des républicains, car le quatrième Napoléon ou un autre ne se contenterait pas de cela, soyez-en sûrs.

Voulez-vous que les ambassadeurs aient trois cent mille francs d'appointements et les ministres cent mille, et qu'il soit permis aux grands fonctionnaires d'occuper plusieurs positions à la fois, toutes bien rétribuées? Quand les petits employés ne peuvent en avoir qu'une, souvent insuffisante pour vivre! Dans ce cas, votez pour des bonapartistes, car les vrais républicains veulent réduire ces dépenses dans une juste mesure et supprimer le cumul et les sinécures.

Le maximum des appointements des hauts fonctionnaires devra être considérablement réduit. Vous devez imposer cette réforme aux députés et sénateurs et ne plus en nommer d'autres.

Si l'on continuait les mêmes abus, et que le budget fût toujours payé par les cultivateurs et les travailleurs, il arriverait bientôt de trois milliards à quatre milliards, et finirait par absorber tous les fruits du travail de la France, sans trouver un sou de plus pour l'instruction. Je vous le répète, la meilleure manière de supprimer les abus dans l'impôt, c'est de diminuer le budget le plus possible.

Quant aux sinécures, prenons un exemple.

A quoi servent les receveurs généraux? Ne peut-on immédiatement les supprimer et faire effectuer directement au Trésor les versements des receveurs particuliers. Voilà vingt millions d'économie, etc., etc.

Art. 2. — *Instruction gratuite obligatoire, laïque et intégrale. — Liberté de l'enseignement.*

Les bonapartistes ou conservateurs vous
« disent : « Il y a en France six millions d'élec-
« teurs qui ne s'occupent pas de politique, qui
« ne savent pas lire, qui ignorent leurs droits
« ou y sont indifférents, car ils n'en connaissent
« pas l'importance. Il faut leur faire peur des
« républicains qu'ils appellent radicaux; en
« 1848, ils les appellaient les rouges. Il ne faut
« leur donner aucune instruction, mais les laisser
« dans l'ignorance. Ce sont des brutes qui
« n'ont pas besoin de liberté; du reste, ils
« n'en demandent pas. Ils veulent bien se laisser
« tondre; s'ils avaient de l'instruction ils nous
« échapperaient. »
N'est-ce pas là du pur despotisme? Comprenez-vous pourquoi nous ne voulons plus de ces gens-là?
Voici, au contaire, ce que disent les républicains : « Il faut créer des écoles, instruire
« le peuple, lui apprendre à connaître ses droits
« et ses devoirs. Améliorons grandement la
« position des instituteurs pour en avoir de bons

« et affranchissons-les complètement de la tutelle
« du curé; pour cela, il faut leur défendre
« d'êtres chantres, sonneurs de cloches, toutes
« ces fonctions les posent mal près des gens
« éclairés et intelligents. Il leur faut une indé-
« pendance complète. Voilà la première réforme
« à faire; car sans instituteurs, il n'y a pas de
« citoyens instruits. Ce n'est donc pas en ajou-
« tant quelques millions au budget tous les ans
« que nous arriverons à un bon résultat, mais en
« votant tout de suite, deux cents millions, et
« plus s'il le faut. »

L'Amérique dépense 10 fois plus que nous pour l'instruction et s'en trouve bien.

Ils veulent l'instruction gratuite, obligatoire, laïque, intégrale.

1° L'instruction laïque, c'est-à-dire que les prêtres catholiques, les frères de la doctrine, les rabbins, les pasteurs protestants, ne pourront diriger une école communale, ni un collège muni-cipal, ni un lycée; mais ils seront libres de fonder des écoles particulières comme à présent.

Les républicains veulent la liberté de cons-cience pour tous les citoyens; c'est pour ce motif qu'il faut que dans une école ou un collège tous les élèves, sans distinction de religion, puissent assister aux cours sans blesser leurs croyances religieuses, ce qui n'a pas lieu maintenant. Vous voyez donc que c'est au nom de la liberté de conscience que les républicains demandent l'instruction laïque.

Ils ne veulent pas non plus qu'un religieux

puisse fonder une école libre sans avoir le brevet d'instituteur; la lettre d'obédience ne suffit pas.

Mais ici encore nous devons suivre l'exemple de l'Amérique pour l'instruction nationale. En France, le gouvernement comprime tout, s'occupe de tout, même de la nomination des instituteurs. En Amérique, au contraire, la liberté de l'instruction est complète, chaque citoyen, chaque commune, chaque Etat a une liberté absolue de choisir son professeur et sa méthode et ce système a produit des fruits excellents. Décentralisons, nous aussi, l'instruction. Laissons la liberté aux citoyens, aux communes, aux départements; et nous obtiendrons les mêmes résultats.

2º L'instruction doit être donnée gratuitement et être obligatoire, car si cela n'est pas, le pauvre qui ne peut payer pour s'instruire, et qui n'en sent pas toute l'importance, reste ignorant et se trouve à la merci du riche qui est instruit et qui peut le tromper.

La plupart des accusés en police correctionnelle ne savent pas lire, dans la proportion de quatre-vingt pour cent. L'ignorance est donc aussi immorale.

3º Les républicains demandent encore l'instruction intégrale, c'est-à-dire que les plus intelligents des jeunes gens sans fortune, après concours, puissent continuer gratuitement leurs études jusqu'aux premières écoles du gouvernement.

C'est encore la première République qui a fondé démocratiquement l'Ecole polytechnique et l'Ecole de Saint-Cyr, où le pauvre est admis sans payer. Cependant bien que gratuites, ces Ecoles sont jusqu'aujourd'hui inaccessibles aux enfants du peuple qui ne peuvent acquérir l'instruction secondaire, ce qui n'existera plus lorsque nous aurons organisé l'instruction intégrale et professionnelle.

Ces années dernières on a augmenté un peu le budget de l'instruction ; mais cela est insuffisant. Aux Etats-Unis, le budget de l'instruction pour chaque Etat est dix fois plus élevé que le nôtre. Il faut à tout prix relever l'instruction en France, et créer des écoles normales afin d'avoir de bons instituteurs et un peuple instruit. Le budget de l'instruction. pour 1881, est de 78 millions, dont 44 millions seulement pour l'instruction primaire ; ce n'est pas assez.

Quant aux méthodes d'instruction, c'est une grande question à étudier. Il faudra se demander quels sont les ouvrages et les méthodes à réformer et quel est le système le meilleur pour former la jeune génération que nous avons à instruire. Mais avant tout il faut démocratiser l'élection du conseil supérieur de l'instruction publique. Ici surtout, il faut séparer l'instruction publique de l'instruction religieuse ; voilà la réforme la plus nécessaire. On pourra aussi voir s'il ne serait pas temps de donner une plus large place aux langues vivantes dans le programme des études.

Le droit administratif devrait aussi être enseigné dans les écoles.

Le latin et le grec n'y occupent-ils pas **une**
trop grande place ? Jadis, dans l'enfance de la
langue française, il était peut-être utile d'étudier
les auteurs latins et grecs qui nous enseignaient
la poésie et la liberté ; mais maintenant, **notre**
langue est assez riche dans tous les genres **pour**
se passer en partie des latins et des grecs. Nous
avons des écrivains admirables, poètes, historiens, etc., etc. Je pense que le congrès de
l'instruction qui a eu lieu cette année à Paris,
nous donnera un programme complet pour les
études.

Si vous êtes de notre avis, votons donc **tous**
ensemble pour de vrais républicains amis **de**
l'instruction, de la liberté et de la fraternité.

CINQUIÈME VEILLÉE

Nous voilà arrivés au grand cheval de ba-
taille de la réaction. Quand les réactionnaires
prononcent ces mots : Ordre, religion, famille,
propriété, justice, prospérité, ils me font l'effet
de vrais tartufes. A les entendre, les républicains, les radicaux veulent tout supprimer. Ils
savent cependant bien le contraire ; et je **crois**
qu'en expliquant ces grands mots, les plus peu-

reux d'entre vous verront que les conservateurs, protecteurs des tyrans, n'ont qu'un but : vous effrayer pour sauver la caisse et vivre sans rien faire, aux dépens du peuple. Du reste, si les réactionnaires ont aussi peur qu'ils en ont l'air, nous allons les rassurer.

Toutes ces questions sont un peu longues : nous les diviserons en plusieurs veillées.

Ordre

Les bonapartistes et conservateurs des abus sont les défenseurs de l'ordre, disent-ils ; mais ils mentent. En effet, qu'est-ce donc que l'ordre, si ce n'est l'obéissance à la loi ?

Et qu'est-ce que le 18 brumaire, fait par Napoléon Ier ? Est-ce le respect de la loi, ou le parjure et un crime ?

Qu'est-ce que le golfe Juan et les Cent-Jours ? Demandez au maréchal Ney, fusillé au Luxembourg, par Louis XVIII, après Waterloo, si Napoléon Ier défendait l'ordre à ce moment.

A Strasbourg, Napoléon III défendait-il l'ordre lorsqu'il venait fomenter la guerre civile pour son propre compte ? A Boulogne, ce même Napoléon défendait-il l'ordre, avec son aigle apprivoisé, lorsqu'il commettait son deuxième attentat et tirait sur le capitaine Col Puygelier qui ne voulait pas trahir sa patrie ? Et au 2 décembre, défendait-il l'ordre, lorsqu'il assassinait les passants, tuait les représentants, prenait des millions à la Banque et expatriait tous les citoyens qui avaient assez de cœur pour protester contre le crime ? Hélas ! combien de nobles victimes sont mortes à l'étranger pour avoir protesté contre cette agression et défendu la loi et la constitution.

Ah ! c'est trop d'impudence de venir se présenter comme les défenseurs de l'ordre, quand ils sont tout simplement de misérables coupe-jarrets.

Oui, tout semble tranquille lorsqu'ils ont terminé leurs mauvais coups, qu'ils ont expatrié cent mille citoyens honnêtes, qu'ils ont corrompu ou déshonoré la justice même, par les commissions mixtes qu'ils ont installées au pouvoir ; qu'ils mangent au budget et qu'ils gouvernent par la fraude et le mensonge.

Ils ont l'air de protéger les lois, qu'ils imposent par leur police secrète, infernale. Ils ont l'air de défendre l'ordre, mais ce n'est que leur despotisme. La loi alors, c'est leur bien-être, ce sont leurs fêtes continuelles, les trente millions de liste civile, leur luxe scandaleux, leurs palais remplis du bruit des courtisans, et des hommes corrompus par l'amour des richesses.

C'est avec ce subterfuge, c'est lorsqu'ils disent qu'ils défendent l'ordre et la tranquillité (ce que leurs journaux répètent sur tous les tons) que le peuple trop bon, trop crédule, se livre entièrement à eux, semble approuver le crime sans savoir ce qu'il fait, et où cela le mène ; pour se réveiller dans le sang, la boue, la honte, comme après Moscou, Leipzig, Waterloo, Metz et Sedan.

Voyons donc encore s'ils défendent l'ordre ; on ne saurait trop rappeler leurs tristes exploits.

Le premier empire a commencé par un crime et un faux serment, s'est maintenu par le despotisme, par des guerres continuelles, absurdes, folles, abominables ; nous a traînés par ambition dans le sang par toute l'Europe. Après avoir gagné maintes batailles qui n'ont servi qu'à nous ruiner dans l'estime des peuples, et à nous attirer la haine de nos voisins. il a fini la première fois à Leipzig, la seconde à Waterloo, et nous a laissé chaque fois pour héritage l'invasion et les cosaques, comme on dit à la campagne ; l'amoindrissement de la patrie, la perte des conquêtes que la République avait faites justement en défendant la France et la liberté, en repoussant héroïquement l'agression injuste de la coalition. Voilà l'ordre que le premier empire nous a donné.

Le second empire a aussi commencé par un faux serment et un crime, s'est maintenu par le despotisme et la corruption, a fini dans la honte et nous a amené le démembrement de la France, la perte de l'Alsace et de la Lorraine.

Nous ne voulons pas d'un troisième empire, car il est facile de voir que ce serait la ruine complète de la patrie.

Voilà l'ordre selon les bonapartistes. S'ils étaient les défenseurs de l'ordre et non des intrigants avides de pouvoir et d'argent, ne s'inclineraient-ils pas devant le régime actuel qui est la République. Qu'ils ne disent pas qu'avant tout ils sont monarchistes : c'est faux. Nous avons vu qu'ils ont conspiré contre tous les régimes : contre Louis XVIII, contre Louis-Philippe. aussi bien que contre la première et la seconde République qu'ils ont assassinées. L'ordre, selon eux, c'est la corruption ; il est bon et utile de les démasquer, de les présenter sous leur véritable aspect, afin qu'ils fassent horreur.

Pour les légitimistes, l'ordre c'est la destruction de la société actuelle, c'est la France commandée par Saint Ignace, ayant pour aides-de-camp les nobles et les évêques, et la protection de Madame de Maintenon et de Madame de Pompadour.

D'après les orléanistes, l'ordre, c'est le cens électoral ; c'est la fortune faisant seule la loi et imposant silence aux travailleurs ; c'est la suppression du bulletin de vote. Donc, lorsque vous votez pour un réactionnaire, un conservateur, vous vous suicidez politiquement, vous commettez un crime, en supprimant la liberté de vos concitoyens.

L'ordre, selon les républicains, n'est autre chose que l'obéissance à la loi, celle-ci étant « l'expression libre de la volonté générale for- « mulée par des députés librement élus par « tous les citoyens honnêtes. »

Pour les vrais républicains, les prolétaires, les cultivateurs, et tous les producteurs, en un mot, pour ceux que les soi-disant conservateurs veulent faire travailler pour eux ; l'ordre, c'est de ne prendre le bien de personne en accaparant le fruit du travail de son voisin ; l'ordre, c'est de ne plus souffrir que le fruit de leur travail devienne la proie des conservateurs. Ils veulent l'ordre mille fois plus sérieusement que ceux qui le troublent constamment par leur despotisme ; ils le veulent sans qu'on leur impose pour condition préalable la servitude. Ils veulent la loi égale pour tous et ils ont juré qu'ils l'obtiendraient.

Voilà ce que les républicains appellent ordre ; et non pas la loi faite par des députés officiels qui promettent une obéissance passive aux ordres du despote. Si ce maître est un imbécile, quelles lois peuvent nous donner ses esclaves ?

Nous ne voulons plus de ces monarchistes de toutes sortes ; nous voulons des hommes vertueux à la tête du gouvernement ; c'est pourquoi nous votons pour l'ordre, c'est-à-dire pour la République et la liberté.

Je pense qu'il y a assez longtemps que vous nous faites subir ces tristes personnages ; à l'avenir vous voterez comme nous pour l'ordre véritable, pour de vrais républicains.

Si vous votez pour des bonapartistes, vous encouragez les coups d'Etat et l'expatriation des républicains.

SIXIÈME VEILLÉE

Religion.

La question de religion est peut-être la plus épineuse, la plus difficile à vous expliquer, mais comme elle est très importante, je ferai tout mon possible pour vous donner beaucoup d'explications sans froisser vos croyances. Si je suis tout à fait affirmatif, c'est que ma conviction bien sincère est que nous ne pourrons arriver à faire de la bonne politique, que lorsque vous l'aurez bien comprise, et que vous serez décidés comme nous à séparer le spirituel du temporel, la religion de la politique.

Les conservateurs défendent aussi la religion, disent-ils, mais ils mentent encore sur ce point. Qu'est-ce donc que la religion? si ce n'est les immortels principes de justice, de morale, de liberté, d'égalité et de fraternité renfermés dans l'Évangile, et qu'ils foulent aux pieds?

En 1849, ils renouvellent avec le pape, en l'imposant par les armes, comme roi temporel à l'Italie, le pacte que Lamennais a marqué d'infamie dans ses ouvrages. Mais ils s'éloignent de la vraie religion et de l'Évangile.

Le clergé a tort de s'unir avec ces criminels, ces despotes. Est-ce que Jésus, le fondateur de la religion chrétienne, était avec César et avec les Pharisiens contre les pauvres? Ses ministres devraient s'efforcer de suivre ses préceptes et ses exemples, au lieu de les fouler aux pieds; ils devraient rompre avec le crime et le despotisme.

Non, les bonapartistes ne sont pas les défenseurs de la religion; ils la déshonorent en faisant sanctionner leurs crimes par le clergé, comme au 2 décembre. Non, ils ne défendent pas la religion, mais ils se servent de ses ministres pour tromper et asservir le peuple.

Napoléon Ier emprisonne le pape qui ne veut pas obéir à ses ordres.

Napoléon III, pour être soutenu par le clergé, dit aux courtisans : « Achetons les ministres du « Christ avec des biens, des dignités, des honneurs, de la puissance ; et ils commanderont « au peuple de nous être soumis en tout, quoi « que nous fassions, quoi que nous ordonnions. « Et le peuple les croira, et il obéira par conscience ; et le pouvoir que nous voulons usurper s'affermira. »

C'est pour cela qu'il fausse peu à peu la Constitution de 1848, ce qui amène les fameuses journées de juin 1849, dont on a accusé les républicains. Voici ce qui s'est passé :

La Constitution de 1848 disait :

Article 5: « La République française respecte « les nationalités étrangères, comme elle entend « faire respecter la sienne. Elle n'entreprend « aucune guerre dans des voies de conquête, et

« n'emploiera jamais sa force contre la liberté
« d'aucun peuple. »

Art. 54 : « Le Président de la République
« veille à la défense de l'Etat ; mais il ne peut
« entreprendre aucune guerre sans le consente-
« ment de l'Assemblée nationale. »

C'est formel. Eh bien, Napoléon foule aux
pieds la Constitution et donne à Oudinot l'ordre
de mitrailler les républicains de Rome, pour
remettre le pape roi temporel contre le vœu des
Romains.

Art. 110 : « L'Assemblée nationale confie le
« dépôt de la Constitution et des droits qu'elle
« consacre, à la garde et au patriotisme de tous
« les Français. »

Dans la séance du 9 juin, Ledru-Rollin demande la mise en accusation de Napoléon, président de la République, qui avait donné l'ordre
d'attaquer une nation, contre le vœu de la Constitution. Ledru-Rollin termine son discours en
disant : « Si vous ne mettez le coupable en ac-
« cusation, nous défendrons la Constitution par
« tous les moyens possibles, même par les
« armes. »

Chose indigne : le Gouvernement fait passer
pour fou M. de Lesseps, notre ambassadeur,
parce qu'il s'opposait à cette expédition et le
rappelle de Rome.

Ne voyez-vous donc pas que Napoléon voulait
à tout prix être soutenu par le pape et le clergé
dans son dessein de traître pour arriver à l'Empire. Cela ne lui a que trop bien réussi, malheu-

reusement pour nous. Il a faussé son serment et a obtenu la protection du clergé. Est-ce donc là sauver la religion ou la déshonorer?

Le sentiment religieux ou de la justice est le plus bel attribut de l'homme, et celui pour lequel il est toujours prêt à sacrifier sa vie. Il se développe très facilement et arrive, s'il est bien dirigé, à produire les plus grands sacrifices. les plus grandes vertus. Mais, au contraire, s'il l'est mal. il ne connaît pas de bornes : le fanatisme est là à l'appui de ce que j'avance.

C'est parce que l'homme est un être essentiellement juste ou religieux, qu'il faut empêcher les ministres de la religion chrétienne de fausser la morale et le principe de l'Evangile, qui est le code de la fraternité. En effet, que dit-il? « Aime « ton prochain comme toi-même. » Jésus-Christ a donné sa vie pour le triomphe de la justice. « Vous êtes tous frères, disait-il, aidez-vous, « aimez-vous. Vous êtes tous égaux, il ne doit « pas y avoir d'esclaves. » Ce que les républicains ont inscrit dans la loi française. Il a enseigné aux pauvres leurs droits, et aux maîtres comme à eux, leurs devoirs. Il a prêché le pardon, et les conservateurs n'en veulent pas. Il dit aussi : « Ne faites pas à autrui ce que vous ne « voulez pas qui vous soit fait à vous-mêmes; « c'est là toute la loi. »

Eh bien ! lorsque le travailleur, l'ouvrier voit la réaction cléricale l'ennemie acharnée des droits de la majorité, quand il voit les prêtres se mêler de la politique et siéger dans les rangs des despotes, avec César contre le peuple, avec le riche contre le pauvre, avec la noblesse contre les partisans de l'égalité civile et politique, avec les conservateurs des abus contre les amis de la justice, avec les ennemis irréconciliables de notre droit national, avec les censitaires ou la noblesse d'argent contre la démocratie, il les considère comme des ennemis. Et comme le prêtre est chargé de lui enseigner la morale, il n'a plus confiance en ce que le prêtre lui dit. Il demande l'instruction laïque pour développer en lui le vrai sentiment de la justice, il n'a plus la foi ancienne, mais il veut la lumière moderne, qui lui montrera que la justice est en nous comme l'amour, comme les notions du beau et de l'utile, comme toutes nos facultés. Elle lui prouvera que la justice est humaine, rien qu'humaine ; qu'elle existe sans les religions.

Si Jésus était ici, ne le traiterait-on pas de radical (de communard)? Où siégerait-il dans les assemblées ?... à droite? avec Freppel? non, mais à l'extrême gauche pour défendre la cause du peuple, la cause du pauvre, de la justice et du pardon ; quand, au contraire, les candidats cléricaux siègent à droite et à l'extrême droite, soutiennent le riche et les abus et combattent l'amnistie.

Oui ou non, avons-nous le libre arbitre ?... Alors, pourquoi les prêtres sont-ils pour le despotisme ?

La preuve de tout ce que je viens de dire, est contenue et avouée dans les discours du clergé à la bénédiction des arbres de la liberté en 1848 (Voir le *Journal Officiel* de cette époque.)

Le parti clérical veut nous imposer l'hérédité monarchique et un roi par la grâce de Dieu; et gouverner à sa place, comme sous Louis XIII, par le cardinal Richelieu; sous Louis XIV par le cardinal Mazarin et le père Le Tellier; sous Louis XV par le cardinal Dubois et l'abbé Fleury, c'est-à-dire comme avant la Révolution de 1789, où il était tout pour le malheur du peuple. Mais, nous avons assez d'une Saint-Barthélemy, assez des dragonnades, de la révocation de l'Édit de Nantes et de l'expatriation de trois millions de protestants; assez d'intolérance religieuse et d'Inquisition comme cela; nous ne voulons plus de guerres de religion, nous voulons l'Eglise en dehors de l'Etat. Plus de cardinaux et d'évêques ministres du gouvernement pour le plus grand malheur du peuple.

Les jésuites ont suscité la guerre civile de la Ligue et la Saint-Barthélemy. Les moines Jacques-Clément et Ravaillac ont assassiné Henri III et Henri IV pour ressaisir le pouvoir temporel. Il ne faut leur laisser aucun espoir, car vous voyez qu'ils ont fait des 24 mai et des 16 mai pour le même motif : ressaisir le pouvoir et imposer leurs volontés. Si on les laisse au gouvernement, ils voudront dominer.

On peut consulter aussi, pour avoir la preuve de ce que j'avance, le mandement que publiait en 1877 dans son diocèse, Mgr Guilbert, évêque de Gap, dans lequel il dit que c'est un abus sacrilège de mêler la religion à la politique.

Le parti clérical ne voit pas que l'éducation jésuitique qu'il nous donne ne peut dominer longtemps l'esprit gaulois, qui est le caractère des Français. En dépit de tous ses efforts, nous sommes Voltairiens, et pour la liberté du culte, et pour la liberté de conscience. Le peuple français en philosophie est le plus avancé et le moins fanatique, sans oublier les protestants, les juifs, les mahométans; et c'est à ce peuple qu'Ignace ferait la loi! ce n'est pas possible, il fera bien de réfléchir à cela.

Les jésuites dirigent maintenant partout la religion; voilà ce qui explique la conduite politique anti-évangélique du clergé. Il veut empêcher le progrès à tout prix, comme si le progrès n'était pas l'ouvrage de Dieu. Mais il succombera et entraînera à sa suite bien des ruines s'il ne reconnaît pas assez tôt son erreur. Il est impuissant, il ne le voit pas.

Il a jadis condamné, emprisonné, brûlé, expatrié des savants, des peuples entiers par l'Inquisition, mais tous ses bûchers sont éteints. S'il persistait, s'il voulait les rallumer, le vent pousserait les flammes contre lui, et c'est ce que nous ne voulons pas. La religion doit être libre et rester en dehors de l'Etat.

Le prêtre obéit à son évêque qui est un jésuite presque toujours, comme le soldat obéit à son colonel; il n'a donc aucune indépendance. Ce que l'on appelle le brave curé campagnard, indépendant en politique n'existe pas, puisque la discipline religieuse est inflexible, et que l'évêque nommé par le gouvernement et le pape est aristocrate et commande.

Le curé des campagnes vous enseigne la fraternité et la justice ; voilà pourquoi vous le respectez. Mais les évêques, hommes politiques, les cardinaux qui leur commandent ne veulent ni liberté, ni instruction, ni égalité civile et politique ! ils veulent être tout avec le roi et les nobles, c'est pour cela que toujours dans les élections vous voyez les curés, qui ont reçu le mot d'ordre des évêques et du pape, faire de la propagande en faveur des aristocrates et des réactionnaires.

La religion actuelle nous donne la preuve évidente, comme l'histoire l'enseigne, que son rôle ne peut s'accommoder de la liberté et qu'elle ne peut souffrir le pouvoir temporel qu'en l'absorbant.

Il faut donc la mettre dans l'impossibilité de détruire la liberté, en séparant le pouvoir spirituel qui appartient aux prêtres, du pouvoir temporel, qui doit appartenir en entier à la nation. C'est une question de vie et de mort pour la République et la liberté ; choisissez.

La différence entre le chrétien et le jésuite consiste en ce que le chrétien travaille pour le ciel ; son royaume n'est pas de ce monde ; sa devise est : liberté, égalité, fraternité ; le jésuite au contraire veut le pouvoir temporel, il veut gouverner sur la terre, il unit la religion et la politique, son mot d'ordre est : ignorace pour le peuple, et despotisme pour soi.

Voilà pour sa politique intérieure ; quant à sa politique extérieure, elle n'est pas française : le jésuite n'a pas de patrie, raison de plus pour l'éloigner du gouvernement de la France, car il la vendrait à l'étranger s'il y voyait son intérêt.

Revenons aux principes de l'Evangile ; séparons le spirituel du temporel ; abandonnons Saint-Ignace, revenons à Jésus-Christ.

Le christianisme signifie : paix et concorde ; le jésuitisme : guerre et intolérance.

Je me suis beaucoup étendu sur cette question parce que la séparation de l'Eglise et de l'Etat est une question de vie ou de mort pour la République et la liberté. Toute l'histoire, sans excepter celle de 1789 et de 1848, prouve que, si nous ne la tranchons définitivement, nous retomberons dans le despotisme.

Permettez-moi de vous citer sur la religion aux État-Unis un passage de M. de Tocqueville (De la démocratie en Amérique), qui vous dira parfaitement ce qu'il faut :

« Toutes les sectes religieuses, dans la répu-
« blique des Etats-Unis, se retrouvent dans la
« grande unité chrétienne, et la morale du chris-
« tianisme est partout la même. Les Américains
« croient le maintien de la religion nécessaire
« aux institutions républicaines. Ils confondent
« si complètement dans leur esprit le chris-
« tianisme et la liberté qu'il est impossible de
« les faire concevoir l'une sans l'autre. Tous les

« prêtres catholiques aux Etats-Unis sont d'avis
« que la complète séparation de l'Eglise et de
« l'Etat est ce qui fait la bonté du gou-
« vernement; tout le monde est d'accord sur
« ce point. La constitution de New-York dit,
« qu'aucun ministre de l'Evangile ne pourra
« être revêtu d'aucune fonction publique, civile
« ou militaire. En Europe, le christianisme a
« permis qu'on l'unît aux puissances de la terre,
« au despotisme; aujourd'hui ces puissances
« tombent, on n'y croit plus, et il est comme
« enseveli sous leurs débris. Les prêtres sont
« considérés plutôt comme des ennemis politi-
« ques que comme des adversaires religieux. »

Revenons donc aux bons principes : les prêtres à l'église, voilà leur place. Il ne faut plus
qu'ils s'occupent de politique « leur royaume
« n'est pas de ce monde. »

Si vous êtes de notre avis, votez comme nous
pour des républicains disposés à séparer la religion du gouvernement et de la politique et supprimer le budget des cultes. C'est une des plus
importantes questions à l'ordre à du jour.

Il est bien évident que le budget de la France
sera diminué de 54 millions que le gouvernement paye au clergé.

Les citoyens qui demandent la séparation de
l'Eglise de l'Etat ne veulent pas pour cela
augmenter les dépenses de ceux qui voudront
subvenir aux frais de la religion. Si l'on ne
diminuait les impôts d'une somme égale, cette
mesure deviendrait impopulaire, surtout dans

les campagnes. Les paysans veulent aller à la messe, si cela leur fait plaisir, ils en ont le droit. Ils veulent bien payer leur curé, mais à condition que l'on diminue les impôts de pareille somme. Ils sont d'avis que la religion doit être séparée de la politique, mais ils ne veulent pas payer un sou de plus pour cela.

SEPTIÈME VEILLÉE

Propriété. — Organisation du Crédit et du travail. — Justice. — Procédure civile.

Vous attacherez, j'en suis sûr, une grande importance à l'article propriété, que nous étudierons dans notre septième veillée ; car on a tant calomnié les républicains ; on vous a tellement fait peur du communisme que vous vous demandez comment, votre champ n'a pas encore été enlevé et transporté sur les tours de Notre-Dame. Mais rassurez-vous ; les républicains les plus avancés, Proud'hon entre autres, ne sont pas contre la propriété. Vous verrez que ce sont les abus qu'ils veulent simplement réformer. Vous savez bien que ce sont les républicains de 89 qui vous ont facilité l'acquisition de la terre et qui vous ont donné l'égalité civile. Ce sont donc des fables que les réactionnaires inventent pour vous faire peur de la république.

Nous dirons aussi un mot de la justice et de la procédure civile.

ARTICLE PREMIER. — *Abus de la Propriété.*

Les conservateurs disent qu'ils sont les défenseurs de la propriété, mais ils ne sont les défenseurs que des abus de la propriété. Ils veulent nous ramener à l'ancien régime, c'est-à-dire à cet état misérable qu'Augustin Thierry rappelle dans son histoire du Tiers-Etat, quand il cite ce passage du discours du député Savaron aux Etats Généraux de 1615 : « Que diriez-« vous, Sire, si vous aviez vu dans vos pays de « Guyenne et d'Auvergne les hommes paître « l'herbe à la manière des bêtes? Cette nou-« veauté et misère inouïe en votre Etat ne « produirait-t-elle pas dans votre âme un désir « de subvenir à une calamité si grande? Et « cependant, cela est tellement véritable que « je confisque à Votre Majesté mon bien et « mes offices si je suis convaincu de men-« songe. »

Voilà la propriété de l'ancien régime, c'est-à-dire la famine pour le peuple dans beaucoup d'endroits. Voilà ce qui se passait sous Louis XIII. Le même auteur cite aussi une lettre de Fénélon à Louis XIV, qui contient ce passage : « Cepen-« dant, Sire, vos peuples, que vous devriez

« aimer comme vos enfants, et qui ont été
« jusqu'ici si passionnés pour vous, meurent de
« faim. La culture des terres est presque aban-
« donnée ; les villes et la campagne se dépeu-
« plent ; tous les métiers languissent et ne
« nourrissent plus les ouvriers. Tout commerce
« est anéanti. Par conséquent, vous avez détruit
« la moitié des forces réelles du dedans de
« votre Etat pour faire et pour défendre de
« vaines conquêtes au dehors. » (Voir aussi
dans La Bruyère, *Caractères*, article paysan.)

Sous Louis XV, c'est encore la même chose ;
toujours la famine. Le roi, dans la détresse de
son peuple, spécule même sur les blés, il fait
partie des accapareurs, du pacte de famine.
Le despotisme, comme vous voyez, c'est toujours
la guerre et la famine.

Puis arrive la révolution de 89 qui facilite
aux campagnards l'acquisition de la terre ; alors
tout change ; plus de famine, le produit de la
terre double, et on peut affirmer que si nous
ne revenons pas à la politique despotique des
Bonaparte et de l'ancien régime, la famine a
disparu pour toujours de notre pays.

Ils protègent les abus des grandes fortunes
par leurs lois iniques, faites contre les travailleurs.

Je vous ai montré que l'impôt est tellement
accablant pour le cultivateur, qu'il lui est impossible par son travail de faire la moindre
économie et même de nourrir sa famille. Je
vous ai montré que l'impôt du sang sous leur

règne est payé par le pauvre, qui est sacrifié à leur ambition. Je vous ai montré aussi que les hauts emplois sont réservés aux riches, qui se partagent les gros lots du budget. Voilà les abus de la propriété que nous voulons supprimer.

Sous Louis-Philippe, il fallait payer deux cents francs de contributions pour être électeur, et mille francs pour être député. Je vous demande si ces personnages pouvaient faire des lois dans l'intérêt du peuple! sans parler des électeurs qui vendaient leur suffrage pour une récompense matérielle, une place pour leur fils, etc. Réfléchissez un peu.

Dans la démocratie, ces abus sont impossibles; c'est pour cela que nons voulons la République, car lorsque les riches seuls votent et gouvernent, l'intérêt du pauvre est toujours en péril; l'avantage de la démocratie est de favoriser l'intérêt de tous. Les lois ne doivent pas favoriser les trop grandes fortunes, qui produisent les tyrans, mais empêcher les trop grandes misères qui rendent les peuples esclaves.

Dans l'aristocratie, le riche peut acheter les suffrages, parce que ceux qui sont à vendre ne sont pas nombreux; dans la démocratie, au contraire, cela est impossible, parce que, s'il y a des hommes à vendre, il ne se trouve pas d'acheteurs; il faudrait acheter trop de monde pour atteindre le but et changer la majorité.

La propriété, selon les républicains, ne doit

pas devenir un abus et donner à ceux qui possèdent beaucoup des droits que les autres n'ont pas. Ainsi par exemple, le riche ne doit pas être exempt du service militaire ; tous les emplois de l'administration doivent être donnés au mérite personnel, à l'indépendance et à la vertu.

Nous avons bien l'égalité civile inscrite dans la loi, et tous les citoyens sont admissibles aux emplois ; mais il y a loin de la coupe aux lèvres, puisque toutes les places importantes, comme je vous l'ai montré, sont données aux plus riches, aux parents et aux protégés de ces bons conservateurs et souteneurs des tyrans. Vous pensez qu'avec un budget de près de trois milliards, il y a assez d'emplois bien rétribués pour contenter beaucoup de conservateurs réactionnaires ; c'est aussi pour cela qu'ils pensent que tout est bien, puisque tout est pour eux.

Si Napoléon Ier et Napoléon III n'avaient pas trahi leur serment et la République, il y a longtemps que les réformes que nous demandons seraient dans la loi et dans les mœurs, et que les abus seraient supprimés. Nous n'arriverons peut-être jamais à la justice complète, mais nous voulons que le mal, qui est aujourd'hui la règle, devienne l'exception rare. La République seule peut nous donner la justice et faire triompher les principes contenus dans la Déclaration des droits de l'homme.

Art. 2. — *Organisation du crédit*

La France produit chaque année, d'après plusieurs économistes une valeur d'environ dix milliards. Sur ces dix milliards, il faut déduire de l'actif des travailleurs et surtout des agriculteurs : le montant du budget de l'Etat : environ trois milliards ; l'intérêt et frais d'hypothèque : au moins deux milliards ; les loyers aux propriétaires : deux milliards. Ce qui fait environ huit milliards que le travail doit payer avant de pourvoir à ses premiers besoins.

Que le travail soit abondant ou qu'il soit plus rare, que l'année soit bonne ou mauvaise pour l'agriculture, peu importe ; les travailleurs doivent payer cette somme. N'est-elle pas fabuleuse ? N'est-elle pas exorbitante ? Ne voulez-vous pas la réduire ? Voilà pourtant ce que devrait faire la République pour être vraiment démocratique.

Diminuer autant que possible les impôts et la féodalité capitaliste mobilière et immobilière, voilà le vrai programme républicain. Il faut inscrire cet article au plus tôt dans la constitution ; car avec un pareil abus, la République est impossible et ne vivrait pas, elle serait un non sens. Oui, il faut au plus tôt supprimer tous les impôts qui pèsent sur le travail et la consommation, organiser le crédit à bon marché, abolir peu à peu jusqu'à la limite raisonnable, c'est-à-dire jusqu'à la somme nécessaire pour le paiement des frais généraux, des établissements nationaux de crédit, l'intérêt des capitaux de toutes sortes et le fermage des terres et maisons, voilà la véritable solution. Diminuer les parasites en diminuant l'usure, la rente et le fermage dont ils vivent sans travail. Voilà le point vulnérable du parti dit conservateur.

Montesquieu, que je vous ai déjà cité plusieurs fois, dit que les Romains à la fondation de la République, réduisirent l'intérêt à 1 %. Il les approuve, car, dit-il, l'intérêt pour être juste doit être peu élevé.

Ne votez donc jamais pour un candidat qui n'accepte pas cette réforme, vous le devez à la justice. Si vous votez pour un conservateur, vous encouragez l'augmentation des impôts et de l'usure. Actuellement le crédit n'est organisé qu'au profit des banquiers et du grand commerce. — L'agriculteur et l'ouvrier ne peuvent en profiter.

Exemple : Un cultivateur avec les droits d'enregistrement et de timbre, frais de notaire, hypothèque, etc., paye 8 ou 9 %. Il est évident que s'il emprunte, il se ruine ; puisque la terre ne produit que 2 % net.

L'ouvrier des villes ne peut profiter de l'organisation actuelle. S'il veut emprunter, il n'a que le mont-de-piété qui lui fait payer 10 ou 12 %. Si au contraire il fait quelques économies, il a la caisse d'épargne, et celle ci ne lui paye que 3 %. C'est donc une différence de 9 % qui existe à sa charge dans l'organisation actuelle du crédit. Est-ce juste ? Je vous le répète, tout est organisé contre le travail. Après cela les conservateurs des impôts de consommation nous parlent d'aumône, de charité : Non, non cela ne suffit pas, il nous faut la justice.

« Il faut que les lois changent, dit Michelet,
« dans son beau livre du peuple. C'est chez le
« paysan qu'est l'armée de l'avenir au jour où
« viendraient les barbares.

« Aucun gouvernement depuis la Révolution
« de 1789 ne s'est occupé de l'intérêt agricole.
« N'est-ce donc rien que vingt-quatre millions
« de travailleurs agricoles. Le paysan est non-
« seulement la partie la plus nombreuse de la
« nation, c'est aussi la plus forte et la plus
« saine. Si la situation présente continuait, le
« paysan au lieu d'acquérir vendrait, ce qui se-
« rait la chute de la patrie...; qui la défen-
« drait ?... Il paye chaque année trois mil-
« liards à l'Etat, deux milliards à l'usure. Est-ce
« tout ? non, la contribution indirecte est peut-
« être aussi onéreuse. Le paysau aime la terre
« d'un amour sincère ; il faut lui en faciliter
« l'acquisition. Il faut arriver à ceci : la terre à
« celui qui la cultive. Avec les lois actuelles,
« ô paysans, mes amis, n'empruntez jamais, ce
« serait votre ruine ; l'usure renouvelée tous les
« ans absorberait bientôt le peu que vous pos-
« sédez. Adieu la liberté ! avec l'intérêt comme
« il est réglé actuellement, l'emprunt c'est la
« ruine ; la terre rapporte 2, l'usure demande

« 8 %. Chaque année d'intérêt enlève quatre
« années de travail. Le paysan français est
« noble; mais cette noblesse, il faut la défendre,
« elle est en danger. Le paysan devenant le serf
« de l'usure n'est pas misérable, seulement, il
« baisse de cœur ; il abandonne la campagne
« pour la ville.
  « Il faut que les lois changent, il faut que le
« droit actuel subisse cette haute nécessité po-
« litique et morale. »
  Où sont donc nos députés cultivateurs ?
  Et vous avez le bulletin de vote : mais qu'en
faites-vous ?
  Je ne puis malgré la longueur de cet article
me dispenser de vous donner de longs détails
sur l'organisation du crédit et du travail. Nous
devons surtout bien voter aux prochaines élections; pour cela nous ne devons pas craindre
de trop longs développements sur cette grave
question de l'intérêt et du travail. Organiser le
crédit et la rente à bon marché, c'est supprimer
autant que possible les parasites ; c'est donc bien
là le nœud de la question sociale et avant tout il
faut convertir toute la dette au pair, c'est de
toute justice ; le 3 % en 2 %, le 5 % en
3 fr. 50 taux de la Bourse d'aujourd'hui. Ce
sera toujours deux cents millions de rentes à
payer en moins tous les ans.
  Pour travailler, il faut des outils et du crédit.
La Banque de France organisée comme elle l'est
les donne-t-elle ? Non, mille fois non. Les
banquiers et les grands industriels peuvent

seuls en profiter. Ils empruntent là à 2 ou 3 %, mais le véritable travailleur qui est obligé de prendre crédit chez ces derniers leur paye 10 ou 12 %. La loi doit fixer à 5 % *tous frais compris* le taux de l'argent chez les banquiers et pour les effets de commerce. Le privilège qu'a la banque d'émettre des billets ne profite qu'aux banquiers. Les travailleurs ont un très grand intérêt à demander que la Banque de France soit déclarée d'utilité publique et qu'elle entretienne des succursales sur tout le territoire de la République. N'est-il pas dérisoire que cette grande institution nationale n'ait pas même autant de développement que la Société Générale, banque privée, qui n'existe que depuis quelques années. Pour Paris seulement, la Société Générale a quarante succursales et la Banque de France n'en a pas. Celle ci devrait avoir une succursale au moins dans chaque arrondissement à Paris et dans toute la France, et faire à 2 % toutes les opérations que font les banquiers ; escompter, etc. Elle devrait commanditer toute entreprise agricole industrielle et commerciale, toute association ouvrière qui présenterait des garanties suffisantes, et réduire son escompte au montant de ses frais généraux car, dans aucun cas, cette banque nationale ne doit faire de bénéfice : elle doit donner le crédit à prix de revient.

Elle doit donner crédit sur hypothèque à 2 % frais compris aux cultivateurs, remboursable à longs termes et par annuités ; c'est-à-dire créer immédiatement le crédit agricole.

Voilà, pour bien dire, le premier article du cahier des électeurs pour 1881 ; c'est assurément, avec l'impôt, le plus important pour les réformes sociales. N'est-il pas temps de supprimer ou au moins de diminuer autant que possible, ce nouveau droit féodal de l'usure qui accapare tous bénéfices du travail au profit des parasites capitalistes ?

La dette de l'Etat est d'environ vingt-cinq milliards, les intérêts sont de plus d'un milliard a payer tous les ans. Si le crédit était organisé démocratiquement au prix de revient, c'est-à-dire à 2 ou 3 % par la banque de France, on réduirait au même taux l'intérêt payé par l'Etat ; cette diminution de l'usure serait assurément très morale, puisque le cours officiel de la rente française est à 3 fr. 30 %. La Banque nationale faisant l'escompte à 2 ou 3 %, pourquoi les rentiers de l'Etat toucheraient-ils davantage ? Si vous voulez augmenter la dette de l'Etat et des particuliers, vous faites de la réaction ; vous êtes conservateurs. En ce cas, point de réduction d'intérêt ! liberté entière de l'agiotage et de l'usure ; emprunts d'Etat à 20 % au-dessous du pair, c'est-à-dire que l'Etat reçoit du capitaliste 80 francs quand il doit rembourser 100 francs (emprunt Morgan et Thiers.) Même vote du projet Truelle qui demande la suppression de la loi de 1807 qui fixe le taux à 5 %. En ce cas, votez pour des conservateurs ; car les vrais républicains veulent améliorer cette

loi et fixer le taux légal *tous frais compris* au plus
à 3 %.

Voulez-vous diminuer immédiatement la dette
de l'Etat, des communes et des particuliers,
voilà le progrès et la justice ; alors il faut diminuer le plus possible et partout l'impôt et l'intérêt de l'argent ; amortir la dette de l'Etat jusqu'à extinction et ne plus faire d'emprunts.

Entre les conservateurs de toutes formes :
royalistes, bonapartistes, faux républicains, et les
vrais républicains, voilà la dfférence ; les premiers ne veulent rien changer aux impôts, ils
veulent augmenter ou conserver l'usure telle
qu'elle est ; les autres veulent supprimer tous
les impôts de consommation et diminuer l'usure ;
à vous de choisir en 1881.

La grande majorité du peuple des campagnes
sait à peine si l'Etat a des dettes, bien qu'elle en
paye les intérêts par l'impôt. Le peuple ne serait-il pas scandalisé en apprenant que la
plupart du temps, surtout après les grands
malheurs publics, les capitalistes lui font payer
7 %, c'est-à-dire qu'ils versent à l'Etat 70
ou 80 fr., comme après la guerre de Prusse,
pour avoir 5 francs de rente. De sorte que pour
payer les cinq milliards que nous devions à la
Prusse, nos députés nous ont fait souscrire aux
capitalistes une dette de cinq milliards neuf
cents millions pour l'éternité. Est-ce juste ?
Tandis que avec l'impôt sur le capital, il aurait
suffi de taxer selon leur fortune tous ceux qui
possèdent, et nous serions entièrement libérés.

M. Thiers a hypothéqué le territoire, l'impôt sur le capital l'aurait libéré. Voilà la différence des deux systèmes; choississez. Il est encore temps de réparer le mal. Si vous voulez, nous le pouvons aux élections de 1881. Nous pouvons même supprimer toute la dette de l'Etat et des communes par le même moyen.

Dans l'espace de huit ans, le capital de ceux qui ont pu prêter se trouve ainsi augmenté d'un tiers, puisque la rente actuellement est à 120 fr.; ce qui leur a coûté 80 fr. vaut actuellement 120 fr., ainsi ils ont profité des malheurs de la patrie pour augmenter leurs capitaux. Chaque larme du peuple est une perle pour eux. Et, quand la fortune sourit à la nation, quand le crédit est offert, l'Etat à son tour ne pourrait pas imposer la loi qu'il a subie en des temps malheureux! Ce n'est pas sérieux.

Je vous le répète, il faut amortir cette dette jusqu'à extinction. C'est pour éviter que l'on parle de toutes ces misères, que les conservateurs ne veulent pas de liberté de presse ni de réunion, car nous serions bientôt d'accord pour les supprimer.

Du reste, en 1848, plusieurs députés avaient déjà proposé de réduire l'intérêt à 2 % par la création du crédit agricole. Au lieu de 8 ou 9 % que l'argent coûte à la propriété, il n'aurait coûté que 2 %. Cette loi ne fut pas votée. Il ne faut pas vous en plaindre, ce sont vos chers députés des campagnes qui n'en voulurent pas. Comme aujourd'hui vous ne nommiez que vos ennemis. Ceux qui voulaient diminuer l'usure, n'étaient pas, grâce à vous, en majorité, mais en 1881 vous choisirez mieux, je l'espère.

C'est le rejet de ces lois, proposées en faveur du peuple et rejetées par les soi-disant républicains opportunistes de l'époque; c'est l'impôt de 0 fr. 45 c. qui venait frapper au cœur l'agriculture. C'est la loi du 31 mai et la loi de l'état de siège, l'exil des vrais républicains, la contrainte par corps rétablie, qui dégoûtèrent le peuple de la République et pas autre chose. Qui avait nommé ces députés comme ceux de 1871? c'est le peuple. Ne recommençons pas une pareille sottise. Quelques historiens prétendent que ce sont les théories communistes qui effrayèrent le peuple et amenèrent la réaction. C'est faux. Les paysans n'acceptent pas ces utopies, cette peur n'était que factice. La preuve de cela c'est que la bourgeoisie, celle qui soi-disant était effrayée des utopies émises à cette époque, vota pour la République opportuniste de Cavaignac, et que c'est le peuple des villes et des campagnes qui vota en majorité pour Napoléon, ne sachant pas que le despotisme amènerait infailliblement le démembrement de la France. Abolissons les abus de la propriété et le peuple soutiendra la République.

La propriété bâtie à Paris et dans la plupart des villes n'est-elle pas aussi un instrument de spéculation abusive? Ne serait-il pas juste de réduire l'intérêt des maisons aussi bien que celui de l'argent? N'oublions pas cet article dans nos cahiers de 1881, afin de rendre à jamais impossible la spéculation locative, et afin que le travailleur puisse jouir du prix intégral de son travail sans l'abandonner au propriétaire. C'est même par là qu'il faut commencer, car si l'on augmente les impôts des propriétaires, ils augmenteront leurs loyers.

Pourquoi ne réduirions-nous pas aussi la rente de la terre à 2 % au plus (puisqu'elle ne rapporte net que cela à celui qui la cultive), de manière que le cultivateur puisse vivre et qu'un jour il puisse enfin la racheter à force de travail et d'économies, la posséder librement et l'aimer, comme dit Michelet.

Electeurs, songez à cela aux prochaines élections. Ne prenez plus pour vous représenter ces capitalistes de toutes sortes qui vous ruinent et vous enlèvent le fruit de votre travail.

De quoi vivent les parasites? de rentes, loyers, fermages et sinécures. Ce sont ces abus qu'il faut supprimer.

Je vous le demande, quelle différence y a-t-il entre un républicain et un monarchiste possédant chacun trente mille francs de rente. N'ont-ils pas l'un et l'autre intérêt à s'opposer à tout changement qui aurait pour résultat de supprimer ou seulement de diminuer leurs revenus individuels en faisant passer les charges de l'impôt sur eux, et en diminuant l'usure dont ils profitent? Ne les choisissez donc plus pour députés. Presque toujours, s'ils se disent républicains, ce sont des hypocrites.

Par toutes ces réformes, chaque famille de travailleurs verrait passer à son actif une somme de 1000 francs par année au moins qu'il serait juste de déduire de l'actif des capitalistes. Votre misère actuelle est égale à la somme de bien être que vous leur procurez.

Il faut appuyer ces réformes par une sanction pénale avec le jury pour juge. Quand vous voudrez, avec le bulletin de vote, nous obtiendrons ce résultat; il ne faut plus de soi-disant conservateurs, même républicains. Pour le moment nous en sommes loin.

N'avez-vous pas vu cette année le projet de laisser complètement libre l'usure en supprimant la loi qui fixe le taux à 5 0/0? Je vous le dénonce avec indignation, car si la Chambre des députés avait voté une pareille loi, la réaction s'en serait emparée pour prouver que les républicains ne sont pas les amis du peuple comme en 1848.

Je vous le répète, la productivité du capital, ce que le christianisme condamnait autrefois sous le nom d'usure dans tous ses conciles, et qui n'a pas peu contribué, j'en suis sûr à lui attirer la faveur populaire, voilà la vraie cause de la misère des travailleurs. Point d'équivoque! Que ceux qui se disent démocrates signent cette profession de foi. A ce signe seulement vous reconnaîtrez les véritables amis du peuple.

Jusqu'alors le capital est tout. Eh bien! il faut que le travail devienne tout à son tour.

Défiez-vous de ceux qui, pour combattre la justice, invoquent la liberté du prêteur. Depuis quand est-il défendu d'arrêter le mal? Je vous répète que l'Eglise, la religion catholique pendant plus de quinze cents ans a condamné le prêt à intérêt, je ne sais pourquoi elle a déserté la cause des pauvres pour soutenir celle des riches.

Je vous rappelle aussi que la loi de 1807 qui ne permet pas de prêter à plus de 5 0/0 a dû poser des limites à l'exploitation des travailleurs. De tous temps, la loi a dû intervenir.

Par le seul fait qu'un homme a économisé deux cent mille francs, il ne s'ensuit pas que lui, ses enfants et petits enfants doivent vivre pendant des siècles sans travailler, et sans toucher à leur capital, de la sueur du travail du voisin qui leur payera l'intérêt de cet argent. S'il a économisé cent mille francs, tant mieux pour lui et pour les siens; cette somme leur appartient. Ils peuvent la dépenser ou la conserver, mais il est de toute justice de réduire autant que possible l'intérêt qu'ils en retirent, car c'est aux dépens du travail que cet intérêt se paye. Il faut donc faire en sorte que la loi nous rapproche le plus possible de la justice et qu'elle protège les travailleurs, les agriculteurs contre le despotisme du capital et des capitalistes.

Article 3. — *Suppression des monopoles et organisation du travail.*

Vous savez qu'un monopole est un droit accordé par l'Etat ou la commune à une personne ou à une compagnie de capitalistes, pour l'exploitation d'une entreprise quelconque, telle que chemins de fer, tramways, omnibus, mines, etc., où beaucoup d'employés et d'ouvriers sont nécessaires, pour exécuter les différents travaux de l'entreprise. Eh bien, nous demandons la suppression de tous ces monopoles qui amènent à leur suite les plus grands abus, et où les ouvriers et les employés sont les esclaves du capital. Tous ces abus des monopoles sont ce qu'il y a de plus inique. Exemple : les actions des mines qui ne seraient rien sans le travail de l'ouvrier, qui souvent y traîne une vie misérable et de privations, sont souvent montées à des prix fabuleux. Emises à 1,000 francs, elles en valent actuellement 50,000. Cela aux dépens des travailleurs qui seuls ont créé cette valeur. Est-ce juste ?

Les actions de la Banque de France, les actions des chemins de fer, omnibus, etc., se trouvent dans la même situation, presque toutes au détriment du crédit et de la circulation.

L'exploitation des monopoles indispensables, tels que chemins de fer, postes, télégraphes, et ceux qui sont d'intérêt général doit être faite par l'Etat au prix de revient. Par ce moyen, le prix des transports des voyageurs et des marchandises poura être immédiatement réduit de moitié. Ce sont les actionnaires qui touchent cette différence pour l'intérêt de leur argent, nous ne le voulons plus. Ne trouvez-vous pas comme nous, que le service des chemins de fer, qui est très souvent mal fait, est beaucoup trop cher? Je puis vous l'assurer; exploités par l'Etat qui fera ce service beaucoup mieux et au prix de revient, il diminuera de moitié, peut-être des trois quarts.

Lorsque l'Etat, dans l'intérêt général, veut organiser un service public, comme par exemple faire porter les lettres tous les jours pour 0 fr. 15 et les journaux pour un centime, dans tous les hameaux les plus éloignés, dans les fermes et les maisons isolées, il est évident qu'il doit conserver le monopole du transport dans les villes. Sans cela, ces services onéreux sans compensation deviendraient trop coûteux à la Nation. Ceux qui voudraient spéculer sur le transport des lettres ne le feraient que pour les grandes communes où il y a beaucoup de correspondances. Quant au service pour les petites communes, personne ne s'en occuperait.

Eh bien, pour les chemins de fer, la même chose doit exister : si l'Etat rachète seulement les petites lignes, les embranchements où il y a peu de voyageurs et de marchandises, et qu'il laisse l'exploitation des grandes lignes aux capitalistes, il est évident qu'il ne peut faire ses

frais. Ce qui arriverait pour l'administration des
postes se représente ici. Ce serait une duperie.
Il faut racheter toute la ligne à la fois et rembourser ce capital dans vingt ou trente ans,
avec l'intérêt fixé d'après la nouvelle loi, à 2
ou 3 °/₀ au plus. L'Etat organisera l'exploitation
des chemins de fer ainsi que l'administration
des postes, au prix de revient, et pourra diminuer de moitié les tarifs. Il supprimera aussi
cette iniquité qui consiste à augmenter les tarifs
des chemins de fer et des bateaux le dimanche
pour les environs de Paris; ici encore ce sont
les travailleurs que les compagnies exploi-
tent.

D'autres monopoles qui intéressent particu-
lièrement les communes et les départements,
tels que tramways, omnibus, etc., devront être
exploités par les communes et les départements,
sous la surveillance des conseils municipaux et
du conseil général, au prix de revient, si l'on ne
préfère la libre concurrence.

Pour certaines industries qui exigent l'emploi
combiné d'un grand nombre de travailleurs,
d'une quantité considérable d'ouvriers de plusieurs professions, il faut encourager l'ouvrier à
la participation, à l'association, aux chances de
pertes et de gains de l'établissement, il faut
qu'il ait voix délibérative au conseil, qu'il
devienne associé; là seulement il retrouvera sa
qualité d'homme et de citoyen, que le salaire ne
lui laisse pas actuellement. Il pourra aspirer à
l'aisance, en profitant des avantages de la divi-

sion du travail, dont il n'a eu jusqu'aujourd'hui que les inconvénients.

Donc, toute industrie ou entreprise qui, par sa nature, exige l'emploi d'un grand nombre d'ouvriers de spécialités différentes, doit former une société de travailleurs, et leur appartenir. Ils travailleront beaucoup mieux et dix fois plus y étant intéressés personnellement ; la banque nationale doit les créditer lorsqu'ils offrent une organisation et des garanties suffisantes.

Mais pour toutes les petites industries qui n'exigent pas un grand nombre de bras, l'association n'est pas nécessaire. Dans le premier cas, elle est un droit.

Pour l'agriculture, l'association est inutile, jamais on n'a vu de paysans former une société pour la culture de leurs propriétés. Avec l'organisation du crédit à bon marché au moyen d'une banque foncière, ils pourront acquérir la terre et en posséder les revenus. Cela leur suffit, ils n'en demandent pas davantage.

Aux prochaines élections, il faut que nos cahiers renferment, d'une manière unanime, toutes ces transformations, il faut surtout choisir des députés énergiques pour soutenir les droits du travail contre les exigences toujours croissantes des capitalistes ; nous devons leur signifier cette décision irrévocable.

La question du libre-échange ne semble si difficile à résoudre, que parce que l'on ne commence pas par enlever toutes les entraves qui

pèsent sur le commerce intérieur et sur les pro-
ductions. Mais quand nous aurons supprimé les
octrois dans les villes, et donné par là un dé-
bouché énorme aux produits de l'agriculture;
quand nous aurons organisé le crédit à bon
marché, et que le prix de circulation sur les
chemins de fer sera réduit de moitié; quand nous
aurons supprimé les droits d'enregistrement et
tous ces droits sur la matière première et les
objets de consommation alors, nous pourrons
nous prononcer sans crainte pour le libre-
échange universel et la liberté du commerce.
Nous n'aurons plus rien à craindre de la concurrence de nos voisins. Pouvant fournir nos
produits à bon marché, puisqu'ils seront dégre-
vés de toutes ces taxes qui pèsent sur eux, et
surtout de l'usure qui augmente le prix de revient dans des proportions énormes, nous ne
pourrons que gagner au libre-échange qui, sans
toutes ces réformes, et surtout la réforme de
l'association pour les grandes industries, serait
une duperie pour plusieurs branches de l'industrie nationale.

Les cultivateurs ne semblent pas partisans du
libre-échange ; c'est justement parce que l'agriculture n'est pas protégée par la loi, puisque
c'est elle qui souffre le plus de tous les abus actuels : armée, impôts et usure. Nos députés ne
seraient-ils pas de bonne foi ?

Art. 4. — *Justice et procédure civile.*

La justice doit être rendue gratuitement pour que le pauvre puisse y avoir recours. C'est la première République qui a créé les juges de paix, nommés alors ainsi que tous les juges à l'élection comme nous l'avons vu. Les vrais républicains d'aujourd'hui veulent rétablir ce système et en outre faire rendre la justice sans qu'il soit nécessaire d'employer plus de formalités, et sans plus de dépenses qu'à la justice de paix.

Nous avons vu que d'après le principe démocratique, le juge doit être l'élu du justiciable, l'Etat doit être exclu des jugements. L'inamovibilité est un remède insuffisant qui ne nous donne aucune garantie, tant que le juge sera l'homme du gouvernement.

Ceux d'entre vous qui ont eu besoin des tribunaux savent ce qu'il coûte de temps et d'argent, quoique la justice soit censée gratuite, pour arriver à terminer le moindre procès. L'histoire de l'*Huître* et les *Plaideurs*, du bon La Fontaine, est toujours vraie.

La justice est, dit-on, rendue gratuitement, mais elle est incrite pour 34 millions au budget que nous payons par toutes sortes de contributions, ce qui n'empêche pas que le moindre procès coûte très cher. Les avocats et les avoués, doivent, sinon être supprimés, au moins avoir pour concurrents toute personne qui inspire confiance à la défense et qui doit lui fournir une grande économie; ces messieurs ne travaillent pas pour peu, mais leur monopole doit être supprimé.

Pour les mineurs, lorsqu'ils ne sont pas riches, les formalités à remplir sont beaucoup trop nombreuses et coûtent trop. Dites-moi combien il resterait après partage à deux mineurs qui hériteraient de mille francs, en meubles, terres et maison; il n'y aurait peut-être pas assez pour payer les frais de licitation, et ces pauvres orphelins seraient complètement ruinés. Ce cas se présente chaque fois que les parents ont laissé quelques dettes ou qu'il faut vendre quelque chose sur licitation, ou partatage, c'est-à-dire à peu près à chaque succession. Cependant, cette somme de mille francs, qui passe entièrement au gouvernement et aux hommes d'affaires au lieu de rester à ces pauvres enfants, n'a souvent été économisée par leurs parents qu'à force de travail et de privations pendant quinze et vingt ans, leur enlever cette somme n'est-ce pas une iniquité?

Les républicains veulent supprimer toutes ces formalités ruineuses pour les pauvres, qui n'ont à partager qu'une faible succession.

Ils veulent réformer le code de procédure civile qui est trop compliqué et supprimer tous ces juges sans contrôle ainsi que les cours d'appel, de police correctionnelle que je n'ose qualifier, mais qui jugent sans instruire; et cela en France au XIXe siècle.

Je dois cependant vous signaler un cas où la procédure n'est pas longue. Il vous prouvera d'une manière évidente que la loi est toujours faite contre le travail: c'est lorsque que vous devez des rentes, un fermage ou un loyer au propriétaire. Oh! dans ce cas la procédure marche vite. D'après l'article **819** du code de procédure, le propriétaire peut vous faire saisir dans les vingt-quatre heures.

Le travailleur, pour l'ouvrage fait au propriétaire, ainsi que le cultivateur, pour denrées fournies, peuvent ils faire saisir le propriétaire ? Non, mille fois non. Dans ce cas il faut suivre la procédure ordinaire, ce qui est souvent impossible à cause du temps qu'il faut perdre, et des avances à faire aux avoués et aux avocats. Est-ce là de l'égalité dans la loi? Nous avons beaucoup à faire pour arriver à la justice gratuite et égale pour tous.

Votez donc comme nous pour des républicains disposés à organiser la justice démocratique; vous ferez une bonne action. Cela vaudra mieux que de ruiner l'orphelin pour lui faire après cela l'anmône; la justice doit passer avant la charité.

HUITIÈME VEILLÉE

Famille.

Nous avons déjà vu que les vrais défenseurs de l'ordre, de la religion, de la propriété, ne sont pas les conservateurs: que l'ordre selon eux c'est le despotisme; que la religion n'est pour eux qu'un moyen d'asservir le peuple; que les abus de la propriété sont ce qui leur est le plus sensible. Eh bien, pour la famille, ce sont encore les républicains, soyez-en sûrs, qui en sont les plus sincères défenseurs. Prenons donc cet article du programme, et examinons-le.

Les conservateurs se disent ses défenseurs, mais n'est-ce donc pas la première République qui a aboli le droit d'aînesse et nous a donné l'égalité des enfants dans la famille?

Les conservatenrs demandent le retour au droit d'aînesse.

Ils veulent supprimer le mariage civil, le mariage à la mairie, et le remplacer par le mariage religieux, c'est-à-dire remettre les registres de la mairie entre les mains des curés, afin d'entraver autant que possible la liberté de conscience, et peut-être un jour refuser, comme avant 89, l'inscription de l'état civil aux autres religions.

Prenez des exemples de ces soi-disant conservateurs de la famille, et comparez-les aux travailleurs, vous trouverez sûrement autant d'irrégularités, pour ne pas dire plus, dans les familles riches que dans les familles des ouvriers, car leurs trop grandes richesses et l'oisiveté les pervertissent. Si nous avions un peu plus d'égalité dans les fortunes, les mœurs ne feraient qu'y gagner.

ARTICLE PREMIER. — *Règlement fixant à neuf heures par jour les heures de travail dans les ateliers et manufactures.*
Création d'une taxe sur les successions collatérales au profit de la commune.
Création des assurances sur la vie par l'État

Dans l'intérêt de la famille, nous voudrions qu'il fût défendu aux patrons de faire travailler dans les ateliers plus de neuf heures par jour, comme en Angleterre, les ouvriers et surtout les ouvrières, qui sont sans défense et ne peuvent lutter contre eux. Avec cette règlementation les chômages seraient moins fréquents, les ouvriers plus demandés seraient mieux payés. Chose étrange, mais vraie ; plus les ouvriers travaillent, en thèse générale, moins ils gagnent. Ils ne comprennent pas encore tous ce résulat, il est urgent de le leur expliquer. En Angleterre, les ouvriers n'ont le droit de travailler, d'après la loi, que neuf heures par jour, et ils sont beaucoup plus payés qu'en France. Le septième jour le travail est interdit, ce qui est bien. Combien d'ouvriers en France ne comprennent par encore la nécessité de cette mesure. Ils se laissent séduire par cette prétendue liberté de travail. Ouvrons leur les yeux. Le calendrier républicain est de beaucoup supérieur au grégorien au point de vue de l'art, mais dans l'intérêt des travailleurs le Sabbat est préférable et sera toujours préféré au Décadi ; à la réaction de l'Empire on est revenu avec bonheur au septième jour de repos. Avis aux républicains. L'hygiène aussi exige que le gouvernement intervienne pour protéger les travailleurs.

Mais, comme nous ne pouvons formuler cela en loi ou le faire appliquer qu'avec le concours de la majorité des députés et des sénateurs, nous vous recommandons vivement, à vous tous qui êtes le plus grand nombre, et en conséquence la majorité dans les chambres, et qui nous imposez la loi et vos volontés, de nous envoyer des députés et des sénateurs qui nous accorderont cette loi, réclamée depuis si longtemps par les ouvriers des villes.

Là, les ouvrières dans certains états, dans ceux qui demandent le plus d'intelligence et de capacité surtout, travaillent souvent quinze heures par jour, ce qui les dégoûte du travail et les démoralise ; les esclaves travaillaient moins.

On vous trompe lorsque les conservateurs

vous disent que Paris veut vous imposer sa volonté; vous voyez bien que c'est le contraire qui a lieu, puisque nous réclamons cette loi protectrice de l'humanité des neuf heures de travail depuis si longtemps suns pouvoir l'obtenir. Vos députés nous larefusent. C'est vous qui gouvernez, puisque vous êtes la majorité. Les villes, Paris même, ne font qu'obéir. Voilà la cause de nos malheurs, qui existera aussi longtemps que vous ne comprendrez pas où est la justice. Ce sont vos députés qui maintiennent les impôts indirects et favorisent les capitalistes et les patrons contre les ouvriers.

Oui, on vous trompe lorsqu'on vous anime contre nous; nous sommes tous frères, nous avons les mêmes intérêts, nous voulons tous la justice. Aujourd'hui vous êtes à la campagne; demain, vos enfants seront peut-être à la ville.

Les conservateurs des abus ont intérêt à vous exciter contre nous, mais il serait cependant bien utile de suivre les conseils de Paris et des grandes villes, où l'on s'occupe plus de politique qu'au village. Paris est la tête de la France : c'est lui qui doit guider les campagnes; si vous approuvez les réformes qu'il demande dans l'intérêt de la famille, suivez son exemple, et vous lui serez plus tard reconnaissants des conseils qu'il vous donne aujourd'hui.

Diviser pour régner; voilà la devise de ces bons conservateurs et impérialistes.

Afin d'éviter les révolutions, je vous demande,

au nom des ouvriers des villes, de nous donner
cette loi de protection de la famille en nommant
des députés républicains qui vous promettront
de la voter. Ce sera la moralité pour nos filles,
et un peu plus de bien-être pour tous.

Pour rétablir un peu l'égalité et reconstituer
le patrimoine du pauvre, du déshérité, les
droits de succession étant supprimés à l'enregistrement, on pourrait taxer au profit de la
commune-mère les successions en ligne colla-
térale de 3 à 5 0/0. Chaque commune aurait par
ce moyen la possibilité de fournir à tous ses
enfants pauvres les instruments de travail et
l'instruction indispensable à leur indépendance
et à leur liberté. Elle pourrait secourir les
malheureux, ce serait un pas vers l'égalité et
la justice, car cette taxe atteindrait les successions des célibataires et des personnes sans enfants.

Pour la sécurité des familles il faut aussi
créer les assurances sur la vie par l'Etat,
mais au prix de revient, c'est-à-dire sans frais
ou à peu près, et sans aucun bénéfice pour
l'Etat afin que l'ouvrier puisse se créer une re-
traite et des secours à sa famille en cas de décès.
Les tarifs des compagnies d'assurance sont trop
élevés.

Art. 2. — *Loi sur le divorce et la recherche de la
paternité.*

Quant à la loi sur le divorce, je ne vous en
dirai que deux mots. Le divorce appartient plus
aux royautés qu'aux républiques. Les conservateurs en ont plus souvent besoin que les républicains. Il existait en France sous le premier
empire. Il existe en Angleterre et en Allemagne.
Ces pays royalistes ne s'en portent pas plus
mal; la femme y est parfaitement considérée et
les mœurs y sont aussi pures qu'en France.
Voilà pour vous tranquilliser sur les dangers
imaginaires de cette loi, On peut même prouver
que dans les pays où le divorce existe, les sépa-
rations entre époux sont plus rares que dans
ceux où le divorce n'existe pas. Mes chères con-
citoyennes, vous pouvez dormir tranquilles, vos
maris vous seront fidèles. Du reste le divorce
ne serait jamais accordé que pour des motifs
graves, à peu de chose près, comme cela se
passe aujourd'hui pour la séparation de corps
que les tribunaux n'autorisent que pour des raisons majeures. Les républicains qui demandent
le rétablissement du divorce le font au point de
vue de la morale : pourquoi forcer deux personnes séparées à vivre en dehors de la loi na-
turelle? Pourquoi s'il survient des enfants après
la séparation, ces enfants portent-ils le nom du
premier mari et héritent-ils de celui-ci? Consul-
tez les ouvrages de M. Naquet sur le divorce et

vous serez parfaitement convaincues de la moralité de la justice et de l'utilité du divorce.

Dans les pays que je vous ai cités plus haut,
la loi autorise aussi la recherche de la paternité,
au point de vue des secours à accorder aux enfants. Je ne vois pas pourquoi en France nous ne
l'autorisons pas. N'est-ce pas une lâcheté de la
part des hommes? Ne devraient-ils pas protéger la
jeune fille et les enfants? Cette loi dont nos voisins
se trouvent très bien et qui assurément est très
morale devrait faire l'objet d'une proposition de
loi, et je suis persuadé que si M. Naquet voulait
employer une partie de son grand talent et de sa
science à la soutenir, il triompherait. Des mil-
liers de jeunes filles et d'enfants abandonnés
lui voueraient une reconnaissance éternelle. Il
est juste de réparer au moins en partie, par une
indemnité, les suites funestes d'une conduite lé-
gère. N'oublions pas cette question dans notre
programme aux prochaines élections.

NEUVIÈME VEILLÉE.

Prospérité.

Je n'aurai pas beaucoup de peine à vous prouver que la prospérité que les exploiteurs, les
bonapartistes et les conservateurs se vantent de
vous avoir donnée n'est que factice. Je vous ai
montré par deux extraits de discours à quel

degré de misère le peuple était réduit sous Louis XIV et Louis XV. Pour le règne des bonapartistes, ce sera plus facile encore, car tous les résultats du despotisme sont encore présents à votre mémoire, et nous n'avons pas fini de payer cette prospérité tant vantée. Vous n'avez pas non plus oublié l'Alsace et la Lorraine !

ARTICLE PREMIER. — *État de la dette publique depuis 1852.*

Les bonapartistes vous parlent souvent de la prospérité que vous avez eue sous leur règne ; s'ils l'osaient, ils diraient que c'était Napoléon qui faisait mûrir les récoltes !

Le progrès obtenu dans l'industrie a été imposé par la science, par la force des choses. Mais pour l'agriculteur et pour l'ouvrier, je ne vois pas un seul progrès obtenu sous leur règne. Non, ils n'ont rien fait : le travail seul du peuple français l'a conduit à la prospérité relative que nous apercevons à la surface.

Les républicains affirment l'histoire en main que depuis les temps les plus reculés, la France ou la Gaule a toujours été favorisée par son climat, son sol fertile qui fournit tout ce qui est nécessaire à l'existence de ses habitants ; que ceux-ci ont toujours été courageux, sobres et travailleurs, c'est ce qui fait la vraie prospérité du pays, et que, s'ils ont subi de grandes misères, on doit les attribuer au despotisme et aux vices du gouvernement.

C'est donc un mensonge que les bonapartistes disent lorsqu'ils vantent les bienfaits de leur domination, car aucun progrès ne peut se réaliser sans la liberté.

Votez pour des républicains si vous voulez obtenir les améliorations que nous demandons et que je vous ai signalées : vous rendrez hommage à la vertu, à l'amour du travail et au courage des citoyens français qui ont été souvent trompés et que l'on a trop calomniés.

Le 1er janvier 1852, quand Napoléon eût commis son attentat contre la République pour nous asservir, la dette de la France était de 5,728,232,295 francs.

Du 1er janvier 1852 au 1er janvier 1870, avant la guerre, avant nos malheurs, par le seul fait du gouvernement despotique, cette dette s'est élevée à 11,418,973,611 francs, ce qui fait une augmentation de 5,690,741,316 francs.

Aujourd'hui le capital de la dette monte à 20,611,786,011 francs.

Donc une augmentation par l'Empire de 14,903,553,716 francs.

Ce qui fait une rente de 750 millions de plus à payer tous les ans.

Tout cela est payé par une augmentation d'impôt sur la propriété foncière, les portes et fenêtres, contributions personnelles et mobilières, patentes, voitures, ou à l'enregistrement, etc.

Les droits de consommation sont augmentés dans des proportions tellement effrayantes que, lorsqu'on essaye d'y ajouter quelque chose, le Trésor n'y gagne rien ; il est impossible d'aller plus haut.

Vous voyez que nous n'avons pas le moyen de nous payer un troisième Empire : ce serait la ruine complète de la France.

Quand on vous parlera encore de la prospérité que les bonapartistes nous ont donnée, vous montrerez ces chiffres, cela vaudra mieux que tous les discours que vous pourriez faire. Cette dette est beaucoup trop forte, nous devons l'amortir au plus tôt et prendre pour principe, comme en Angleterre, de ne plus emprunter.

La République seule :

C'est l'ordre, parce que c'est la justice.

C'est la paix parce qu'elle tend à tous les peuples une main fraternelle.

C'est l'honnêteté, parce que c'est le contrôle sévère et la responsabilité.

C'est la prospérité, parce que c'est l'économie.

Enfin, c'est le bonheur, parce que c'est la liberté !

DIXIÈME VEILLÉE

Moyen pratique de reconnaître les candidats vraiment républicains, et responsabilité des comités électoraux. — Mandat impératif expliqué. — Suppression du Sénat et de l'article 5 de la Constitution. — Candidatures de travailleurs, commerçants, cultivateurs, employés, etc., etc. — Conclusions et remarques.

On pourra vous dire que les républicains vous tromperont aussi ; en effet, cela pourra arriver quelquefois ; mais il y a cette différence capitale que sous la monarchie les hommes sont tout, vous ne pouvez les changer, vous n'avez aucune liberté ; tandis qu'en république ce sont les principes qui dominent ; les gouvernants peuvent être changés par le vote. Si l'on s'est trompé sur le choix, le mal n'est pas sans remède ; voilà la justice. En république, le progrès c'est la révolution pacifique ; tandis qu'avec les royalistes, toutes les libertés sont supprimées et il faut une révolution violente pour changer les hommes du pouvoir.

Pour reconnaître le vrai républicain je vais vous donner la pierre de touche. Dans chaque commune faites comme nos pères pour les Etats-

Généraux de 1789 ; dressez votre cahier et demandez au candidat si son intention est bien de voter les lois dont je viens de vous parler, si vous les trouvez justes ; ainsi que toutes celles que vous dé-irez. S'il vous promet cela, s'il est honnête homme, et surtout s'il a les mêmes intérêts que vous, votez pour lui ; sinon, ne le nommez pas. Voilà le seul moyen d'être bien représenté.

Je sais bien que chaque électeur ne peut voter pour un candidat spécial de son choix, car son vote n'aurait pas de résultat. Il faut donc choisir un candidat qui puisse rallier le plus grand nombre de suffrages et qui soit en même temps disposé à faire triompher votre programme. Ce sont les comités électoraux d'arrondissement qui sont responsables de ce choix. Le cahier des électeurs de chaque commune doit être dressé dans des réunions préparatoires pour être soutenu par les délégués de la commune aux réunions de l'arrondissement. Le parti des vrais républicains doit immédiatement, sous peine de déchéance, former dans chaque arrondissement un comité pour soutenir notre programme et au besoin provoquer des candidatures de travailleurs, employés, commerçants, cultivateurs, il n'a pas un jour à perdre.

On parle de rétablir le scrutin de liste par département. Si cela arrive, les comités d'arrondissement devront immédiatement se mettre en relation et créer un comité au chef-lieu de département qui sera chargé de toute l'organisation de la propagande départementale. Création d'un journal et d'imprimés expliquant à toutes les communes le sens de la liste du comité.

Si nos députés ont cette intention, ils doivent la mettre à exécution immédiatement pour éviter toute surprise. Il est temps, enfin, que la France vote en toute liberté et qu'elle fasse connaître sa volonté, car pour cela il n'y aurait pas une minute à perdre : Nos députés ne s'occupent pas assez de nous, ils pensent trop à eux.

Avec le scrutin de liste plus encore qu'avec les scrutins d'arrondissement, le programme est obligatoire ; sans programme pas d'élections possibles.

Pour le sénat, ce sont vos conseillers municipaux qui sont responsables du choix du délégué. Celui-ci devra dans chaque commune accepter le cahier des conseillers municipaux afin de le soumettre à l'acceptation du candidat au Sénat ; car sans cela, jusqu'à sa suppression, que nous devons demander, il sera réactionnaire et s'opposera sans cesse aux réformes que les députés voteront.

Voilà le seul moyen d'éviter le conflit entre la Chambre des députés et le Sénat.

Ce n'est pas là un mandat impératif encore, mais un simple mandat expliqué. Le mandat impératif vous donnerait le droit de révoquer votre député lorsque la majorité des électeurs serait d'avis qu'il a trahi ses mandataires, mais nous n'avons pas ce droit, qui serait cependant bien naturel ; la constitution nous le défend.

L'assemblée rurale de 1871 nous a imposé son despotisme dans la constitution ; mais nous devons prendre de grandes précautions pour ne pas être dupes, et supprimer cet article de la constitution ainsi que le Sénat.

On vous dit : « Votez pour M. X..., il est « riche, il a de l'influence, c'est un honnête « homme, etc. » Je ne doute pas de cela ; mais ce qu'il vous importe, ce n'est pas son nom ni sa richesse, c'est de savoir s'il est animé des sentiments de justice qui doivent guider le vrai républicain, s'il veut le bien de tous, s'il votera des lois équitables qui ne pèsent pas plus sur le cultivateur, sur l'ouvrier, que sur le capitaliste, s'il est riche c'est une raison majeure pour ne pas le choisir.

Voilà le point important où vous faites fausse route. Il faut absolument revenir aux principes, c'est-à-dire voter sur un programme accepté, et non pour un personnage qui n'a pas les mêmes intérêts que vous.

Vous ne manquerez jamais de candidats riches se disant républicains, ils sont orgueilleux et ne craignent pas de se mettre en avant, sachant bien que la fortune, pour beaucoup d'électeurs ignorants, est un titre qui remplace les capacités. Vous les nommez souvent sans les connaître et sans les entendre, parce qu'ils sont riches. C'est justement pour cette raison, et à cause de leur orgueil, que vous devez les mettre de côté. Sur presque toutes les questions, leur intérêt est opposé au vôtre; sur l'armée, le remplacement, l'usure, l'organisation du crédit et du travail et l'impôt. Au contraire, si des candidats sans fortune se présentent à vos suffrages, vous les traitez d'ambitieux, quand vous deviiez leur être reconnaissants et voter pour eux. Ceux-ci du reste, se présentent très rarement, car ils n'osent affronter la médisance qui s'ensuit; votre premier devoir est de les rechecher, chaque comité d'arrondissement doit en avoir un sous peine de trahison envers les électeurs. Vous parlez souvent de Jésus-Christ et de sa doctrine; suivez son exemple. Où prenait-il ses représentants? est-ce parmi les riches? Si les conservateurs appuyés par les curés vous recommandent les riches, ils abandonnent les principes de l'Evangile.

J'ai passé en revue le programme républicain des électeurs de Paris; j'ai fait tout mon possible pour vous l'expliquer d'une manière simple et claire, je pense que vous serez indulgents et ne jugerez que l'intention. Sur chaque question, je me suis appuyé sur des auteurs digues de foi; vous pourrez du reste toujours les étudier quand vous voudrez de plus longs développements.

Je n'ai pas la prétention de vous dire qu'il renferme toutes les réformes que vous pouvez demander à vos députés et sénateurs. Beaucoup de questions de détail et d'intérêt local n'y sont pas traitées; vous y suppléerez dans chaque arrondissement.

Pour éviter la guerre, ne pourrait-on pas essayer d'établir la fédération ou les Etats-Unis d'Europe?

Pour protéger la famille et le travail. ne pourrait-on pas supprimer le jeu, l'agiotage de la Bourse pour atteindre la féodalité industrielle? etc. etc.

J'ai voulu vous indiquer les réformes d'intérêt général que nous croyons mûres et qui seraient acceptées par les neuf dixièmes du peuple français, s'il consultait son droit, son intérêt et la justice sans se soucier de déplaire à M. X. parce qu'il est le plus riche de l'endroit.

Comprenez-vous maintenant l'importance de la république et du bulletin de vote? Comprenez-vous pourquoi il a été si difficile de conquérir ce droit pour tous les citoyens, et pourquoi on voudrait nous l'enlever avant que toutes ces réformes soient inscrites dans la constitution? Car c'est par centaines de mille qu'il faut compter les martyrs illustres de la liberté; jurons aussi de mourir pour la conserver, et sachons nous en servir pour faire triompher la justice.

Pour récompense de mon travail, je désire que tout citoyen qui aura lu ce petit traité familier de politique et qui l'aura trouvé bon, utile et pratique, le fasse connaître à ses amis. Si le succès me prouve que j'ai eu raison, tous les ans j'en publierai une nouvelle édition avec les améliorations que les évènements et mes études particulières comporteront, et j'espère que d'autres poursuivront le même but. La presse actuelle, sans une organisation générale, ne peut suffire aux campagnes pour l'étude des questions politiques et sociales, je désire combler cette lacune autant que cela me sera possible. J'y arriverai d'autant mieux que j'y serai aidé par tous ceux qui ont à cœur le règne de la justice et le bonheur du peuple.

Je lis dans un discours prononcé par un des principaux républicains de l'Assemblée nationale actuelle le passage suivant :

« C'est par le suffrage universel des cam-
» pagnes que nous fonderons, que nous déve-
» lopperons la république. Vous êtes les plus
» nombreux, vous êtes donc les plus puissants.
» Aussi c'est sur vous que ceux qui veulent le
» règne de l'inégalité politique, les privilèges,
» les abus ont jeté les yeux. Ils vous remplis-
» sent la tête de terreurs folles, de calomnies,
» de diffamations contre la république et les ré-
» publicains. Mais lorsque vous saurez ce que vaut
» le bulletin de vote et que vous en connaîtrez
» toute l'importance, nous sortirons vainqueurs
» de cette lutte, et notre démocratie sera iné-
» branlable, car elle sera réfléchie, intelligente
» et à l'abri du retour des anciens régimes, du
» despotisme et des influences cléricales et jé-
» suitiques.

» Il faut donc que vous sachiez qu'avec le bul-
» letin de vote, vous influez sur l'administra-

» tion, sur les finances, sur les fonctionnaires,
» sur les lois, sur tout, enfin.

» Oui, voilà l'idée-mère, l'idée libératrice du
» suffrage universel. C'est là qu'est l'idée à
» l'aide de laquelle nous vaincrons si vous vou-
» lez vaincre.

« Il faut bien vous imprégner de cette idée :
« que le jour où le plus humble des électeurs
« comprendra la relation, le rapport qui existe
« entre ce carré de papier, entre ce bulletin de
« vote et tout ce qui se fait dans le domaine de
« l'administration publique, ce jour-là nous
« serons libres..., ce jour-là nous serons nos
« maîtres, et non pas par un coup du hasard,
« par un coup de révolution, par un coup de
« fortune, par une bonne inspiration qu'un jour
« apporte et que le lendemain remporte; non!
« nous serons nos maîtres; parce que ce qui
« aura présidé à nos choix, ce sera l'intelli-
« gence des intérêts publics. »

Je vous donne cette citation parce que c'est
le désir d'arriver au résultat dont il est question dans ce discours, qui m'a fait entreprendre
la rédaction du *Guide Républicain* pour l'union
des villes et des campagnes.

CONSIDÉRATIONS SUR LA RÉVOLUTION DE 1848

La révolution de 1848 nous donne plusieurs enseignements dont nous devons savoir profiter.

Le régime de la liberté, anéanti par le coup d'Etat du 2 Décembre 1851, a reparu en partie depuis le 4 Septembre 1870; mais, comme après le premier Empire, la France est mutilée. Nous sommes avertis; nous devons prévenir le retour du despotisme qui nous amènerait de plus grands malheurs encore.

La proclamation de la République sur les barricades de février avait dépassé le but que les monarchistes libéraux, les conservateurs républicains actuels, avaient voulu atteindre pour arriver au pouvoir, en provoquant le peuple à la résistance par les banquets. Ils acceptèrent cependant le fait accompli, espérant le dominer. C'est ce qu'ils font encore aujourd'hui.

Aussitôt élus représentants du peuple, ils acclamèrent dix-sept fois le régime nouveau, mais ils s'efforcèrent par leurs actes d'en ruiner les principes, par la suppression du suffrage universel (loi du 31 mai) la suppression des libertés de la presse, de réunion et d'association, par la nomination de tous les fonctionnaires et la loi de l'état de siège, etc. Ils n'y réussirent malheureusement que trop; c'est là, c'est cette centralisation anti-libérale, despotique, qui rendit possible le coup d'Etat du 2 Décembre, et qui nous menace encore aujourd'hui. La preuve que la plupart de ces députés n'étaient que des ambitieux, c'est que presque tous ont été des députés officiels, sénateurs de l'Empire ou décorés par le traître. Beaucoup de royalistes, ralliés aujourd'hui à la République, ne demandent qu'à recommencer.

Les discussions stériles qui ont occupé les Chambres de 1849 à 1851, doivent nous donner à réfléchir pour la nomination des députés ou sénateurs. Notre intention n'est pas d'envoyer aux Assemblées des hommes pour discuter, comme au sénat romain de la décadence, à quelle sauce sera mangé le turbot, mais pour faire de bonnes lois dans l'intérêt de tous. Et d'abord nous ne leur reconnaissons pas le droit de nous asservir à un despote quelconque ou à une caste. Nous ne voulons ni d'un roi qui soit l'Etat, comme Louis XIV ou Henri V, ni d'un empereur qui soit le despotisme, le mensonge ou la tromperie, comme Napoléon III, ni de censitaires comme sous les Orléans.

Nous protestons de toutes nos forces contre la loi du 31 mai 1850. Nous voulons la démocratie avec le droit de vote, pour toutes les fonctions, renouvelé assez souvent et avec un mandat explicite, pour que la majorité des députés exprime toujours la volonté du peuple français, car sans cela, avec un blanc-seing donné aux mandataires comme vous l'avez fait jusqu'aujourd'hui, aucune réforme urgente ne serait encore faite, et nous retomberions dans les discussions byzantines de 1848, pour n'aboutir à rien qu'à mécontenter la majorité du pays, qui demande des lois indispensables pour la justice et pour la grandeur de la France.

Sur ce, mes chers Concitoyens, je ne vous dis pas adieu, mais au revoir.

M. Develotte.

BUDGET DE 1881

RECETTES. — Budget ordinaire.

Contributions directes (fonds généraux)...............................	379.390.300 fr.
Taxes spéciales assimilées aux contributious directes..............	23.407.670
Produits du domaine (autre que le domaine forestier)..............	15.000.700
Produit des forêts.................	38.102.600
Enregistrement................	519.991.000
Timbre......................	140.467.000
Douanes et sels	327.206.000
Contributions indirectes....	1.048.503.000
Postes......................	109.492.000
Télégraphes	26.508.000
Impôt de 3 % sur le revenu des valeurs mobilières....	36.448.000
Produits universitaires	4.571.310
Produits des amendes et condamnations pécunières....	8.233.296
Produits et revenus d'Algérie.	28.723.500
Retenues et autres produits affectés au service des pensions civiles	19.635.000
Produits divers du budget ..	51.446.000
Total......	2.777.193.903 fr.

Recettes extraordinaires :

Produit de l'émission des Rentes 3 % amortissable.................	589.996.523

Impôts et rev. ind. *(accolade : Enregistrement à Télégraphes)*

Divers revenus. *(accolade : Impôt de 3 % à Produits divers du budget)*

Budget des dépenses sur ressources spéciales.

Recettes :

Contributions directes (fonds spé-
ciaux............. 327.077.576

Taxes spéciales as-
similées aux con-
tributions directes.   997.680   413.494.254

Produits éventuels
départementaux .. 77.000.000

Produits divers spé-
ciaux............. 8.418.998

TOTAL...... 3.780.684.680 fr.

DÉPENSES. — BUDGET ORDINAIRE.

Ministère des Finances............. 1.244.958.845 fr.
Service général................. 19.545.572
Frais de régie................. 171.654.541
Ministère de la Justice............. 34.471.442
Ministère des affaires étrangères... 13.323.800
Ministère de l'intérieur........... 60.789.447
Service du gouvernement général
civil de l'Algérie............... 28.009.992
Service des cultes (*)............. 53.549.666
Ministère des postes et télégraphes
(service général) 1.900.960
Frais de régie................... 106.231.749
Ministère de la guerre (dépenses
ordinaires).................... 574.473.478
Ministère de la marine et des colo-
nies (service maritime)........... 167.972.905

A reporter....... 2.476.882.397

(*) Augmentation de 116,000 fr. pour 1881.

Report......	2.476.882.397
Service colonial....................	30.015.109
Minist. de l'instruction publique (*).	63.977.026
— des beaux-arts.........	8.486.930
Ministère de l'agriculture et du commerce (service général).....	20.771.677
Frais de régie...................	14.455.332
Ministère des travaux publics (service ordinaire...................	83.486.250
Travaux extraordinaires..........	57.647.446
Remboursements et restitutions, finances	14.749.000
Postes...........................	2.870.000
Agriculture et commerce..........	50.000
TOTAL.....	2.773.391.474 fr.

Dépenses:

Budget sur ressources extraordinaires.

Ministère des finances, frais de l'emprunt de 1880.	1.500.000	
Ministère de l'ntérieur	3.500.000	
Postes et télégraphes	7.800.000	
Ministère de la guerre	103.100.000	589.996.523
Ministère de la marine et colonies...	26.270.523	
Ministère des travaux publics.....	447.826.000	

(*) Dont 30 millions seu'ement pour l'instruction du peuple, c'est-à-dire pour les 9/10 de ses enfants, et 33 millions pour l'instruction des personnes riches ou de l'autre dixième.

Dépenses :

Budget sur ressources spéciales

Ministère des finan-ces	172.095.156	
Ministère de l'inté-rieur	216.974.000	
Algérie	3.473.800	
Ministère de la ma-et colonies........	240.000	413.494.254
Ministère de l'ins-truction publique.	15.353.020	
Agriculture et com-merce.............	2.323.000	
Travaux publics..∴	3.035.278	
Total des trois budgets des dépenses.................		3.776.882.25 fr.

TABLE-PROGRAMME

Paris. — Imp. Moderne (Wattier, d"), r. J.-J.-Rousseau, 61.

9 782019 707804